王阳明心学日课

王阳明 著
曹培红 译解

北京时代华文书局

图书在版编目（CIP）数据

王阳明心学日课 / 王阳明著；曹培红译解. -- 北京：北京时代华文书局，2019.10（2020.4 重印）
ISBN 978-7-5699-3164-8

Ⅰ. ①王… Ⅱ. ①王… ②曹… Ⅲ. ①王守仁（1472-1528）－心学 Ⅳ. ① B248.2

中国版本图书馆 CIP 数据核字（2019）第 183307 号

王 阳 明 心 学 日 课
WANG YANGMING XINXUE RI KE

著　　者｜王阳明
译　　解｜曹培红

出 版 人｜陈　涛
责任编辑｜周　磊　余荣才
装帧设计｜孙丽莉　王艾迪
责任印制｜刘　银

出版发行｜北京时代华文书局 http://www.bjsdsj.com.cn
　　　　　北京市东城区安定门外大街 138 号皇城国际大厦 A 座 8 楼
　　　　　邮编：100011　电话：010-64267955　64267677
印　　刷｜固安县京平诚乾印刷有限公司　0316-6170166
　　　　　（如发现印装质量问题，请与印刷厂联系调换）

开　　本｜880mm×1230mm　1/32　印　张｜9.25　字　数｜140 千字
版　　次｜2020 年 1 月第 1 版　印　次｜2020 年 4 月第 2 次印刷
书　　号｜ISBN 978-7-5699-3164-8
定　　价｜45.00 元

版权所有，侵权必究

"凡初及门者,必令引导,俟志定有入,方请见。每临坐,默对焚香,无语。"

(五年丙戌,先生五十五岁,在越。)

——钱德洪《王阳明年谱》

明·吴桂《王阳明年谱图册 焚香悟道》

(纸本墨色,现藏于安徽博物院)

咏良知四首示诸生

王阳明

其一

个个人心有仲尼,自将闻见苦遮迷。
而今指与真头面,只是良知更莫疑。

其二
问君何事日憧憧,烦恼场中错用功。
莫道圣门无口诀,良知两字是参同。

其三

人人自有定盘针,万化根源总在心。
却笑从前颠倒见,枝枝叶叶外头寻。

其四

无声无臭独知时,此是乾坤万有基。
抛却自家无尽藏,沿门持钵效贫儿。

| 目录 |

未有知而不行者，知而不行只是未知 / 001

此便是良知，不假外求 / 002

天下又有心外之事，心外之理乎 / 003

此心无私欲之蔽，即是天理，不须外面添一分 / 004

须先有根，然后有枝叶 / 005

天下之大乱，由虚文胜而实行衰也 / 006

好色则一心在好色上 / 007

只念念要存天理，即是立志 / 008

觉懒看书，则且看书。是亦因病而药 / 009

处朋友，务相下，则得益 / 010

圣人之心如明镜，只是一个明 / 011

人须在事上磨，方立得住 / 012

凡圣人所说，虽极精微，俱是下学 / 013

持志如心痛 / 014

知者行之始，行者知之成 / 015

为学须有本原，须从本原用力 / 016

立志用功，如种树然 / 017

恶人之心，失其本体 / 018

只是在文义上穿求,故不明 / 019

省察是有事时存养,存养是无事时省察 / 020

事变亦只在人情里 / 021

人只要在性上用功 / 022

教人为学不可执一偏 / 023

如去盗贼,须有个扫除廓清之意 / 024

平日不能"集义"而心有所慊,故怕 / 025

定者,心之本体,天理也 / 026

大抵七情所感,多只是过,少不及者 / 027

须是因时制宜,难预先定一个规矩在 / 028

善念存时,即是天理 / 029

大率收敛为主,发散是不得已 / 030

喜、怒、哀、乐本体自是中和的 / 031

儒者以治生为先之说亦误人 / 032

克己须要扫除廓清,一毫不存,方是 / 033

道无粗精,人之所见有粗精 / 034

私欲日生,如地上尘,一日不扫便又有一层 / 035

如人走路一般,走得一段方认得一段 / 036

道无方体,不可执着 / 037

人只要成就自家心体,则用在其中 / 038

人要随才成就,才是其所能为 / 039

生意不穷 / 040

一日便是一元 / 041

人君端拱清穆，六卿分职，天下乃治 / 042

善念发而知之，而充之 / 043

汝心中决知是无有做劫盗的思虑，何也？ / 044

"持其志"，则养气在其中 / 045

病根原不曾除，则亦不得谓之无病之人矣 / 046

道之全体，圣人亦难以语人，须是学者自修自悟 / 047

过去未来事，思之何益？徒放心耳！ / 048

心外无物 / 049

今为吾所谓格物之学者，尚多流于口耳 / 050

格者，正也，正其不正以归于正也 / 051

格物无间动静 / 052

修身是已发边，正心是未发边 / 053

仁是造化生生不息之理 / 054

至善者，性也 / 055

孝弟为仁之本，却是仁理从里面发出来 / 056

无私心，即是当理 / 057

都只是成就他一个私己的心 / 058

人须是知学 / 059

总是志未切 / 060

若只管求光景、说效验，却是助长外驰病痛，不是功夫 / 061

一两之金，可以无愧 / 062

知识愈广而人欲愈滋，才力愈多而天理愈蔽 / 063

吾辈用功，只求日减，不求日增 / 064

天地生意，花草一般，何曾有善恶之分 / 065

不动于气，即无善无恶，是谓至善 / 066

不作好恶，非是全无好恶，却是无知觉的人 / 067

故有所忿嚏好乐，则不得其正 / 068

为学须得个头脑 / 069

以亲之故而业举，为累于学 / 070

如何不忙 / 071

为学大病在好名 / 072

悔悟是去病之药，然以改之为贵 / 073

不知自己是桀纣心地，动辄要做尧舜事业，如何做得？/ 074

"学"是学去人欲、存天理 / 075

种树者必培其根，种德者必养其心 / 076

日不足者，日有余矣 / 077

有事时便是逐物，无事时便是着空 / 078

须能尽人之性，然后能尽物之性 / 079

自圣人以下，不能无蔽，故须格物以致其知 / 080

戒惧之念，无时可息 / 081

所谓汝心，亦不专是那一团血肉 / 082

人须有为己之心 / 083

尔乃贵目贱心 / 084

大抵二氏之学，其妙与圣人只有毫厘之间 / 085

知昼夜即知死生 / 086

哑子吃苦瓜，与你说不得 / 087

圣人率性而行即是道 / 088

夫人必有欲食之心，然后知食 / 089

真知即所以为行，不行不足谓之知 / 090

盖"知天"之"知"，如"知州""知县"之"知" / 091

所谓格物致知者，致吾心之良知于事事物物也 / 092

斯人沦于禽兽夷狄而犹自以为圣人之学 / 093

霸者之徒，窃取先王之近似者 / 094

目不耻其无聪，而耳之所涉，目必营焉 / 095

好色之人，未尝病于困忘，只是一真切耳 / 096

真所谓以小人之腹，而度君子之心矣 / 097

凡人为学，终身只为这一件事 / 098

格物是致知功夫 / 099

各自且论自己是非，莫论朱陆是非也 / 100

是有意于求宁静，是以愈不宁静耳 / 101

故须学以去其昏蔽 / 102

喜、怒、忧、惧亦不外于良知也 / 103

必欲此心纯乎天理而无一毫人欲之私，此作圣之功也 / 104

能戒慎恐惧者，是良知也 / 105

些少渣滓如汤中浮雪，如何能作障蔽 / 106

私欲、客气，性之蔽也 / 107

常人多为物欲牵蔽，不能循得良知 / 108

安得以己之昏昏，而求人之昭昭也乎 / 109

乐是心之本体，虽不同于七情之乐，而亦不外于七情之乐 / 110

病疟之人，疟虽未发，而病根自在 / 111

良知之外别无知矣 / 112

除却见闻酬酢，亦无良知可致矣，故只是一事 / 113

所以认贼作子，正为致知之学不明 / 114

无非是致其良知，以求自慊而已 / 115

君子学以为己 / 116

世之讲学者有二，有讲之以身心者，有讲之以口耳者 / 117

夫学贵得之心 / 118

学无内外 / 119

圣人之治天下，何其简且易哉！ / 120

后世良知之学不明 / 121

天下之人犹有病狂者矣，吾安得而非病狂乎 / 122

非诚以天地万物为一体者，孰能以知夫子之心乎 / 123

使天下之人皆知自致其良知 / 124

此正如烧锅煮饭，锅内不曾渍水下米，而乃专去添柴放火 / 125

说致良知，即当下便有实地步可用功 / 126

才须搀和兼搭而说，即是自己功夫未明彻也 / 127

只是一个真诚恻隐，便是他本体 / 128

事亲从兄一念良知之外，更无有良知可致得者 / 129

舜察迩言而询刍荛 / 130

尽心、知天者，如年力壮健之人 / 131

其进自不能已 / 132

是盖驱之于恶而求之为善也，何可得乎 / 133

诸童子务要各以实对，有则改之，无则加勉 / 134

量其资禀，能二百字者止可授以一百字 / 135

凡习礼歌诗之类，皆所以常存童子之心。/ 136

意未有悬空的，必着事物 / 137

无欲故静 / 138

如何欲不闻见？/ 139

人须在事上磨炼，做功夫乃有益 / 140

尔只不要欺他 / 141

虽盗贼亦自知不当为盗，唤他作贼，他还忸怩 / 142

真个是灵丹一粒，点铁成金 / 143

大凡朋友，须箴规指摘处少，诱掖奖劝意多，方是 / 144

常快活，便是功夫 / 145

用功久，自有勇 / 146

心明白，书自然融会 / 147

簿书讼狱之间，无非实学 / 148

"好恶从之"，从个甚么 / 149

凡饮食只是要养我身，食了要消化 / 150

圣人亦是"学知"，众人亦是"生知" / 151

人心是天渊 / 152

圣贤非无功业气节 / 153

我辈"致知"，只是各随分限所及 / 154

一念发动处，便即是行了 / 155

善恶只是一物 / 156

人但得好善如好好色，恶恶如恶恶臭，便是圣人 / 157

动静只是一个，分别不得 / 158

人若太过矜持，终是有弊 / 159

为文所累，心中有一物矣 / 160

佛氏不着相，其实着了相。吾儒着相，其实不着相 / 161

日光之中添燃一灯 / 162

初下手用功，如何腔子里便得光明 / 163

日长进一日，愈久愈觉精明 / 164

却如无状小子 / 165

只要良知真切，虽做举业，不为心累 / 166

人自累于得失耳 / 167

诸君功夫，最不可"助长" / 168

舜能化得象的傲，其机括只是不见象的不是 / 169

凡朋友问难，都是病发 / 170

卜筮者，不过求决狐疑，神明吾心而已 / 171

且如受人馈赠 / 172

六经只此一言，便可该贯 / 173

"道心"本是无声无臭，故曰"微" / 174

施教不可躐等 / 175

若徒要晓得，便明不得自家的心体 / 176

方才活泼泼的，方才与川水一般 / 177

偷生在世上百千年，也不过做了千年的禽兽 / 178

人只贵于自修 / 179

只如狂者便从狂处成就他，狷者便从狷处成就他 / 180

圣人教人，只怕人不简易 / 181

孔子无不知而作 / 182

汝辈学问不得长进，只是未立志 / 183

良知是造化的精灵 / 184

只是"致良知"三字无病 / 185

我这里功夫不由人急心 / 186

须胸中渣滓浑化，不使有毫发沾滞始得 / 187

是非只依着他，更无有不是处 / 188

今人不会宴息 / 189

圣人只是还他良知的本色，更不着些子意在 / 190

吾儒养心，未尝离却事物 / 191

与愚夫、愚妇同的，是谓同德 / 192

五谷、禽兽之类皆可以养人 / 193

你未看此花时，此花与汝心同归于寂；你来看此花时，则此花颜色一时明白起来 / 194

目无体，以万物之色为体 / 195

人于生死念头，本从生身命根上来，故不易去 / 196

不肯用功，只在语言上转说转糊涂 / 197

我麈尾安在 / 198

圣人不贵前知 / 199

无照无不照，原是日的本体 / 200

耳原是聪，目原是明，心思原是睿知 / 201

远虑不是茫茫荡荡去思虑，只是要存这天理 / 202

圣贤只是为己之学，重功夫不重效验 / 203

良知只是个是非之心 / 204

圣人之知，如青天之日 / 205

一隙通明，皆是日光所在 / 206

知行二字，即是功夫，但有浅深难易之殊耳 / 207

困知勉行的却要思量做生知安行的，怎生成得 / 208

须是大哭一番了方乐，不哭便不乐矣 / 209

且如一园竹，只要同此枝节，便是大同 / 210

舜自以为大不孝，所以能孝 / 211

鄙夫自知的是非，便是他本来天则 / 212

若要指摘他是非，反去激他恶性 / 213

古人具中和之体以作乐 / 214

学问也要点化，但不如自家解化者，自一了百当 / 215

汲汲然去学那气魄，却倒做了 / 216

人有过，多于过上用功 / 217

今人于吃饭时，虽然无一事在前，其心常役役不宁 / 218

琴瑟简编，学者不可无 / 219

知得过、不及处，就是中和 / 220

"所恶于上"是良知，"毋以使下"即是致知 / 221

仪、秦亦是窥见得良知妙用处，但用之于不善尔 / 222

未扣时原是惊天动地，既扣时也只是寂天寞地 / 223

譬如眼，有喜时的眼，有怒时的眼 / 224

人一日间，古今世界都经过一番，只是人不见耳 / 225

使天下之人都说我行不掩言也罢 / 226

你看满街人是圣人，满街人倒看你是圣人在 / 227

须做得个愚夫、愚妇，方可与人讲学 / 228

泰山不如平地大，平地有何可见 / 229

无善无恶是心之体，有善有恶是意之动。知善知恶是良知，为善去恶是格物 / 230

思与学作两事做，故有"罔"与"殆"之病 / 231

"格"作"正"字义，"物"作"事"字义 / 232

如今要正心，本体上何处用得功 / 233

这个良知遮蔽了，是不能致知也 / 234

不是悬空的致知，致知在实事上格 / 235

天下之物本无可格者，其格物之功，只在身心上做 / 236

童子自有童子的格物致知 / 237

人却说他做得当理，只心有未纯 / 238

心不是一块血肉，凡知觉处就是心 / 239

良知只在声、色、货、利上用功 / 240

日日是此，讲一二十年俱是如此 / 241

人之本体常常是寂然不动的，常常是感而遂通的 / 242

人之心神只在有睹有闻上驰骋 / 243

"致良知"便是"必有事"的功夫 / 244

时时刻刻须是一棒一条痕，一掴一掌血 / 245

当下即去消磨，便是立命功夫 / 246

眼中放些金玉屑，眼亦开不得了 / 247

天没有我的灵明，谁去仰他高 / 248

人生大病，只是一"傲"字 / 249

古先圣人许多好处，也只是"无我"而已 / 250

人于掌何日不见 / 251

问难的人胸中窒碍 / 252

还须诵此以求警 / 253

附录一 / 254

附录二　拔本塞源论 / 255

附录三 / 258

附录四　训蒙大意示教读刘伯颂等 / 259

附录五　教约 / 261

后记一　写在前面的后记 / 263

后记二　以心为鉴，可以鉴声色　以心为鉴，可以鉴快乐 / 265

后记三　秦始皇焚书坑儒2231年后 / 267

王阳明简略年谱　（编译自钱德洪编《王阳明年谱》）/ 271

日课原典

未有知而不行者,知而不行只是未知。

白话译文

没有懂了却不行动的人,
懂了而不行动就是还不懂。

《传习录》详解

《大学》里有一个真正知行合一的例子,说"如好好色,如恶恶臭",意思是说知行合一的最佳案例就是喜爱美色、厌恶恶臭。

具体来说,喜欢美色是知,接近美色是行;讨厌恶臭是知,躲避恶臭是行。把知、行当作两件事,这不是小病小痛,而且这病痛也不是一两天的事,已经很多年了。我现在特意讲这个"知行合一",是对症下药。这不是我凭空杜撰,而是知、行的本质就是这样。

感悟

不懂不要装懂。真明白的,你就去做。
只是说说而已的,都是"砖家"。

日课原典

此便是良知，不假外求。

白话译文

不需要向心外求索就明白，就是良知。

《传习录》详解

良知是天然的、没有任何私欲掩盖的本心。

看见父亲自然就会孝顺，看见兄长自然就会敬重，看见婴孩掉进井里自然就会悲痛。

这些道理不需要向心外求索、不需要后天教育就明白，这就是良知。

感悟

很多道理，是根本不需要向心外求索就能明白的。

这些做人的基本道理，几乎人人皆知。

日课原典

天下又有心外之事,心外之理乎?

白话译文

天下还有心外面的事,心外面的理吗?

《传习录》详解

至善是心的本体。
心就是理。
天下没有什么心外面的事、心外面的理。

感悟

每个人眼里的万事万物是不一样的。
万事万物都在你的心里,万事万物的理都在你的心里。

日课原典

此心无私欲之蔽,即是天理,不须外面添一分。

白话译文

我心没有被私欲蒙蔽,就是天理,不需从外面增添一毫。

《传习录》详解

孝、忠、信、仁的道理都在心中。

我心没有被私欲蒙蔽,就是天理,不需从外面增添一毫。

凭一颗纯是天理的心,对待父亲就是孝,对待君主就是忠,对待朋友和对待百姓就是信和仁。

去除人欲、存养天理,只要在这一个心上坚持用功就行。

感悟

晶莹透彻,充盈天理,这就是心。

本心最忌画蛇添足,不需要从外面增添一丝一毫。

日课原典

须先有根，然后有枝叶。

白话译文

树要先有根，然后才有树枝和树叶。

《传习录》详解

一颗心如果没有私欲，只有天理，就是一颗真诚孝敬双亲的心，冬天自然会想到父母受冷，就想着让父母保暖的方法；夏天自然会想到父母受热，就想着让父母消暑的方法，这都是这颗真诚孝顺的心触发的条件。

但是，必须有这颗真诚孝顺的心，然后才能被这些条件所触发出来。

这就像树木，真诚孝顺的心是树根，各种表现就是树叶。要先有根，然后才有树枝和树叶。不是先有了树枝和树叶，然后才去种树根。

感悟

心是根，心外的世界是枝枝叶叶。

做人做事，打好根基很重要。

日课原典

天下之大乱,由虚文胜而实行衰也

白话译文

天下之所以大乱,只是因为虚文过盛而实干过少。

《传习录》详解

删述六经,孔子可谓用心良苦,其目的就是让后来人不要沉迷于虚头巴脑的文字游戏。

后世儒生只知道琢磨霸术,所以得通晓很多阴谋诡计,完全是一片功利之心。这跟圣人写作经书的用意正好相反。圣人只是要删除数不胜数的文章,后来人却只知道制造更多的虚文不断添上。

感悟

圣人做得多说得少,普通人说得多做得少。

个人不成功,也是因为说得多、干得少。

日课原典

好色则一心在好色上。

白话译文

好色的人就一门心思地好色。

《传习录》详解

好色的人一心在美色上用功。
好货的人一心在财物上用功。
这些人是一心一意地追逐外物。
真正的"主一"是一心只在天理上用功。

感悟

好色也好，好货也罢，"好"是一种动力。
把好色的功夫用在正道上，个人成就自然不会小。

日课原典

只念念要存天理,即是立志。

白话译文

一心一意要存养天理,就是立志。

《传习录》详解

一个人,如果能够不忘存养天理,日子久了,心里自然就会凝聚天理,这就像道家所说的"结圣胎"。

持续不断地让天理凝聚积蓄,心中就会达到圣人的境界,这就是立志。

坚守于天理良知,是立志;

寄托于某个事物,是私欲。

感悟

立志根本在养心,不是外物。

立志贵在坚持不懈。

日课原典

觉懒看书,则且看书。是亦因病而药。

白话译文

感觉懒得看书,就要去看书。这是对症下药。

《传习录》详解

如果在白天觉得烦躁不安,就静坐。
如果感觉不想看书,那就一定要去看。
对症下药是治病的良方。
越懒,就越要去做,这才是下功夫的诀窍。

感悟

懒得做什么,就强迫自己去做什么。
这是典型的一服"中药"。

日课原典

处朋友,务相下,则得益。

白话译文

交朋友,要相互谦让,才能受益。

《传习录》详解

朋友之间的相处,务必要相互谦让,这样,双方都可以受益。如果相互攀比、吹捧,只能相互受害。

感悟

相互谦让的人,多交。

互相攀比的人,断交。

日课原典

圣人之心如明镜，只是一个明。

白话译文

圣人的心像明镜，就在一个明。

《传习录》详解

天下万物，圣人只用一个明镜一般的心应对，只凭借一个"明"，随机反应，无所不照。照过的形迹已经不见，没照过的形迹不可能预先出现。

只怕镜子不明，不怕有事物出现不能照。

探求事物的变化，就像拿镜子照，但凡学习的人得先有一个"明镜"一般的功夫。

真正的学者只是担心本心是否"明"，根本不在意外事外物的各种变化。

感悟

心明眼亮。

心明了，世界就亮了。

日课原典

人须在事上磨,方立得住。

白话译文

人必须在事情上磨炼,才能够立得住。

《传习录》详解

一个人要想在这个世界上"立得住",就必须在事上磨炼。
依靠静养而得出的良知,一遇到事情就不见了,还不是良知。
真的良知,必须静养时在,遇到事情时还在。
人须在事上磨,就是知行合一。

感悟

空想其实是一种怕事的表现。
遇到事情的解决能力,才是真正的能力。

日课原典

凡圣人所说，虽极精微，俱是下学。

白话译文

圣人说的话，无论多么精深微妙，都是下学。

《传习录》详解

看得见，听得到，说得出，心能考虑到的，都是下学；

看不见，听不到，说不出，心考虑不到的，是上达。

拿种树来说，栽培灌溉是下学；日夜生长而枝繁叶茂，就是上达。人怎么能预知这种力量呢？

"上达"就在"下学"里面。人只要在"下学"里用功，自然就能"上达"，不要另外找一个"上达"的捷径。

感悟

为人处世，"下学"是根本。

"下学"是行，"上达"是知，没有"下学"，就不会有"上达"。

日课原典

持志如心痛。

白话译文

坚守志向就像心疼。

《传习录》详解

坚守志向就像心疼,整个心思都在疼上,怎么会有精力说闲话、管闲事?

感悟

立志不持志,就是没立志。

心疼的时候什么也顾不上,持志的根本就是要专注不动摇。

日课原典

知者行之始,
行者知之成。

白话译文

知是行的开始,行是知的成果。

《传习录》详解

知行本来是一体,无法具体分开。
圣学就是一个功夫,知行不可分开。

感悟

知识引发行动,行动落实知识。
"知""行"是两个字,容易被误导,但实际是一回事。

日课原典

为学须有本原，须从本原用力。

白话译文

为学必须有个根本，要从根本上使力。

《传习录》详解

为学必须有个根本，要从根本上使力，"水充满了坑，自然就流出去"。婴儿在母亲肚子里的时候，只是纯真之气，有什么知识？

脱离母体后，才开始会啼哭，接着才会笑，然后又能认识他的父母兄弟，再然后能站、能走、能拿、能背，然后，天下的事就会做了。

这都是他的精气一天比一天充足，他的筋骨一天比一天强壮，智慧一天比一天增长，不是从母体里一出来就带着的。

所以必须认清一个本，必须溯清一个源。

感悟

没有无源之水，没有无本之木。

所谓南辕北辙，错在"本原"，因此，固本清源很重要。

日课原典

立志用功，如种树然。

白话译文

立志用功，就像种树一样。

《传习录》详解

立志用功，就像种树一样。
只有根芽的时候，树是没有树干的。
有了树干的时候，树是没有树枝的。
有了树枝，才有树叶，才能开花、结果。
只要不忘栽培的工夫，就不怕没有树枝、树叶、开花、结果。
后世儒生不明白这个道理。看到圣人无所不知，就想着一动手就全明白。真是岂有此理！

感悟

立志，先在心里为自己种下一棵树。
种瓜得瓜，种豆得豆。

日课原典

恶人之心，失其本体

白话译文

恶人也有心，只不过迷失了其本体。

《传习录》详解

心体空灵不糊涂，众理自备，万事由此明白。

心的外面没有理，心的外面没有事。

恶人也有心，只不过迷失了心的本体。

感悟

人为什么会糊涂？因为心里糊涂。

想不明白的事，不是事情本身的问题，而是自己心里不明白。

日课原典

只是在文义上穿求,故不明。

白话译文

只是在字面意思上寻找,所以不明白。

《传习录》详解

看书不明白,原因多是只在字面意思上寻找。

很多人虽然看书看得很多,也能说出很多书上的意思,终究还是没什么收获。关键,还得从心体上用功,凡是明白不了、没法应用的,都要放到自身上体会,自然可以通晓。

心体就是道,心体明白了道就明白了,没有第二个方法。

这就是为学的关键点。

感悟

尽信书不如不看书,否则会越看越糊涂。

纯粹按照书上说的去做,就像刻舟求剑。

日课原典

省察是有事时存养,存养是无事时省察。

白话译文

省察是遇到事情时候的存养功夫,
存养是没有事情时候的省察功夫。

《传习录》详解

省察和存养是一回事。
有事没事都要在心体上下功夫,不可荒废。

感悟

有事没事都要保养身体。
有事没事更要存养心体。

日课原典

事变亦只在人情里。

白话译文

事物的变化就在人情里。

《传习录》详解

除了人情事变,就没有事了。喜怒哀乐,不是人情吗?

耳闻、目睹、说话、做事,包括富贵、贫贱、患难、死生,都是事物的变化。事物的变化就在人情里。

事变都在人情里体现,这其中的关键,就是做到"中正平和",做到"中正平和"的关键则在"慎独"。何为慎独?

"无事时固是独知,有事时也是独知。"

感悟

正视七情六欲,七情六欲贯穿人生。

把握七情六欲的尺度,生活才会更快乐。

日课原典

人只要在性上用功。

白话译文

人只需要在心性上用功。

《传习录》详解

仁、义、礼、智都是心性的外在表现。心性只有一个。

心性一旦运行，遇到父亲就变为孝，遇到君主变为忠，以此类推，变化无穷，变来变去，只有一颗心。

人也一样，遇到父亲就变为子，遇到儿子就变为父，变来变去，只是这一个人。人只要在心性上下功夫，把"性"字悟透了，天下万事万物一下就明亮起来了。

感悟

人只有一个，性也只有一个。

心性定，就不怕外物变化无穷。

日课原典

教人为学不可执一偏。

白话译文

教人学习,不可以偏执一面。

《传习录》详解

刚开始学,往往心猿意马,坐不住,他所考虑的都是个人的私欲。这个时候必须教他静坐,以便安息私心念杂。

静坐时间一长,等他的心意逐渐安定,只是空空地静守,像槁木死灰一样,也是没有用,这个时候必须教他省察克制的功夫。

感悟

不同的阶段,要有不同的方法。

教人开车也是这样,新司机和老司机对车的感觉完全不一样。

日课原典

如去盗贼，须有个扫除廓清之意。

白话译文

就像铲除盗贼，必须有个彻底扫荡的决心。

《传习录》详解

省察克制的功夫，不能有一点时间上的间断，必须像铲除盗贼一样，要有彻底清除的决心。

没事的时候，把内心里那些好色、好货、好名的私欲，一个一个地查找、搜寻出来。要拔去病根，永远不能够再发芽，才最痛快。

平常时候，就像猫抓老鼠，一边用眼睛看着，一边用耳朵听着，有任何私心杂念萌动，立刻斩钉截铁地去除，一点不可姑息，一丝不可放松，不包藏，更不能给它一点点生路，这才是扎实用功，才能彻底清除。

感悟

铲除山贼要一锅端，猫抓老鼠要一次生擒。

一锅端和一次生擒，都是拔去病根的方法。

日课原典

平日不能「集义」而心有所慊，故怕。

白话译文

平常做事不能遵纪守法，心中有愧，就怕鬼。

《传习录》详解

人为什么会怕鬼？怕鬼是因为心有邪念。
因为本心迷失，心被外欲迷惑了。
那些怕鬼的人，不是被鬼弄得迷糊了，而是因为自己的心迷糊了。
好色的人被色鬼迷住了，好货的人被货鬼迷住了。
不该生气而生气，是被怒鬼迷住了；不该害怕而害怕，是被惧鬼迷住了。
如果平常的行为合乎神明，有什么可怕的？

感悟

心底无私天地宽。
心中有愧烂鬼缠。

日课原典

定者,心之本体,天理也。

白话译文

定,是心的本体,是天理。

《传习录》详解

安定,是心的本体,是天理。

动与静,是"定"在不同时间、不同状况下的表现。

感悟

动也好,静也罢,其实都是每个人自己的不同"遭遇"。

不要迷失于动、静,心自会安定。

日课原典

大抵七情所感，多只是过，少不及者。

白话译文

大体七情发作，过分的多，不够的少。

《传习录》详解

七情六欲动情之时，正是人磨炼用功的关键点。

一过分，就不是心的本体了，必须调停到适中才可以。

父母去世，身为人子，哪一个不是要哭死？但是，古训有"毁不灭性"，说的是孝子不可因为哀伤而丧失本性。这不是圣人强制必须如此，而是天理本身自有限度，凡事不能过分。

人，但凡体认明白心体，自然就会把握分寸。

感悟

七情六欲，都有分寸，合适才好。

控制情绪的最好方法，是要让心体明白。

日课原典

须是因时制宜,难预先定一个规矩在。

白话译文

必须不同时间不同应对,很难预先定一个规矩出来。

《传习录》详解

中庸,就是天理,就是变化,随时变化。

怎么能偏执一个?

天理是因时制宜,会随时发生变化。

后世的儒者,为了把道理讲得完美无缺,就去定一个固定的模式,这就是所谓的抱残守缺、固守偏执。

感悟

守株待兔,不是天理。

天理不是固定的模式,是万变中有不变,不变中有万变。

日课原典

善念存时,即是天理。

白话译文

善念存在,就是天理。

《传习录》详解

善念存在,就是天理。
这个念头是善,还思考什么善?
这个念头不是恶,还去除什么恶?
这个念头就像树的根和芽,立志者,只要一直存有这个善念即可。
"从心所欲不逾矩",就是志向达到纯熟的境界。

感悟

心存善念,天理自在。
善念在,志向纯熟就是迟早的事情。

日课原典

大率收敛为主,发散是不得已。

白话译文

大多以检点、约束为主,向外扩散是形势所迫。

《传习录》详解

精神、道德、言语、行动,大多以检点、约束为主,向外扩散是形势需要才做的。

天与地、人和事物,都是以检点、约束为主。

感悟

做人要内敛,多检点、勤约束自己。

向外扩散须是箭在弦上,不得不发。

日课原典

喜、怒、哀、乐本体自是中和的。

白话译文

喜、怒、哀、乐的本体，天生是中正平和的。

《传习录》详解

喜、怒、哀、乐，它们的本身是中正平和的。

喜、怒、哀、乐，一被个人的情绪沾染，就有了过分和不及，就是私欲。

感悟

喜、怒、哀、乐，人之常情，本来平和。

人的喜、怒、哀、乐表现不同，都是个人私欲的表现。

日课原典

儒者以治生为先之说亦误人。

白话译文

儒者有谋生为先的说法,这是误人子弟。

《传习录》详解

元代有个大儒名叫许衡,他曾说过一句话:学者治生最为先务。这句话的意思是,谋生是第一要紧的事情。

王阳明说,治生为先的话,真的是误人子弟啊。

感悟

人生在世,柴米油盐是必需的。

如果把柴米油盐放在第一位,人就容易迷失自我。

日课原典

克己须要扫除廓清，一毫不存，方是。

白话译文

克己必须要彻底扫除私欲，一丝一毫不得留存，才行。

《传习录》详解

克己功夫的根本是把私欲扫荡得干干净净，不能留存一丝一毫。只要留下一丝一毫，各种邪念恶行就会结伴而来。

感悟

对待恶习邪念，要像对待敌人一样，必须置之死地而后快。
纵容一点恶习，往往会引发衍生出一堆恶习。

日课原典

道无粗精，人之所见有粗精。

白话译文

道本身无所谓粗精，不同人见的道才有粗有精。

《传习录》详解

一个房间——

人刚进去的时候先看到的是大概的轮廓；住的时间长了，墙壁柱子之类的都看清楚了；时间再长些，柱子上的图文之类的东西也看清楚了。

其实，还是那同一间房。

道就像房子，住得时间长了，用功的时间长了，就可以看得更清楚。

房子还是那个房子，道还是那个道。

感悟

天道常存，不同的人有不同的道。

道不存在真假，个人的道有真假。

日课原典

私欲日生,如地上尘,一日不扫便又有一层。

白话译文

私欲一天天生长,就像地上的尘土,一天不扫就又增加了一层。

《传习录》详解

人如果不用功,都觉得自己明白一切,自以为是,我行我素,那么,这个时候,私欲就像地上的尘土,一天比一天多。

踏实用功的人明白,圣道是无法探究穷尽的,越探越深,一定要达到纯净洁白,没有一丝一毫不透彻才行。

感悟

自以为是,往往是因为不用功。

圣道容不得一点灰尘。

日课原典

如人走路一般,走得一段方认得一段。

白话译文

像人走路一样,走过一段才能认得一段。

《传习录》详解

人如果扎实用功不断,对于本心天理的精微,一天比一天有更多领悟;对于私欲的细微处,也一天比一天看得清楚。

人如果不下功夫克制私欲,每天只是嘴上说说,结果就是看不到天理,更看不到私欲。

克己的功夫,如同人走路一样。

走了一段,才能认得一段;走到岔路口,有疑惑就问,问清楚再走,就能逐渐到达想到的地方去。

感悟

人在嘴上下功夫越多,越容易迷失。

克己得行动,凡事都得行动,上路才能得道。

> 日课原典

道无方体，不可执着。

白话译文

圣道没有固定的方向和形态，不可以钻牛角尖。

《传习录》详解

常人往往以个人所见所闻来认定，以为道不过就是这样，所以各人有各人自己理解的道。如果敞开心扉向里寻求，看到自己的心体，就发现无时无处不是这一个道，从古到今，无始无终，哪里会有什么不同？

心就是道，道就是天，认清了本心也就认清了道、认清了天。

各位要想认清这个道，必须从自己内心上体察寻找，不要想着借助外力，才可以认清。

感悟

不要在字面意思上钻牛角尖，万事万物都是如此。

自家心体才是大道。

日课原典

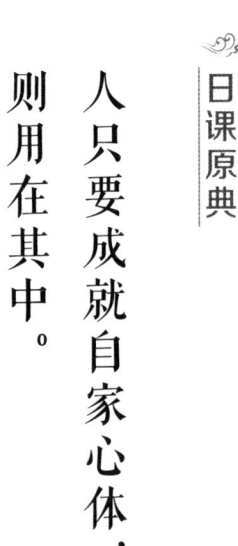

人只要成就自家心体,则用在其中。

白话译文

人只要存养好自己的心体,施行运用自然就在其中。

《传习录》原典

心体存养得好,如果有未发动的中和,自然就有发动而节奏适度的中和,自然就是想用就用。

如果没有这样的心体,就是提前知道世上的许多事物制度,跟自己本来不相干,也只是临时装点,不能自行应对。

不是不关注事物制度,而是要"知道有先后,就离道不远了"。

感悟

心是用的基础。

没有心的用,就像无源之水。

日课原典

人要随才成就,才是其所能为。

白话译文

人要根据自身才能去努力,"才"是个人自身能力能达到的。

《传习录》详解

人要明白自己的才能。

如夔作乐、稷务农,是他们当时的才能就是这样。

能做成这样的事,也只是要他的心体在天理上专一不杂。他运用的地方都是从天理上产生,然后称作"才"。在天理上达到专一不杂的境界,就能"不像器具一样拘泥于某种形态功能"。让夔、稷交换技能,应当也能胜任。像"素富贵,行乎富贵。素患难,行乎患难",都是"不器"的境界。这些只有养得心体纯正的人,才可以做到。

感悟

"才"是成就的基础。

"才"以心体纯正为前提。

日课原典

生意不穷。

白话译文

生生不息,没有止境。

《传习录》详解

有一天,王阳明坐在池塘边,边上正好有一口井。

他说了一句话,用来比喻学习:

"与其做一个数顷宽但没有水源的池塘水,不如挖数尺深但有水源的井水,生生不息,没有止境。"

感悟

水不在多,有源则生。

有生机,是万事万物的基础。不然,做多少努力都是白费工夫。

日课原典

一日便是一元。

白话译文

一天就是一个周期。

《传习录》详解

宋代邵雍把世界从开始到消灭的一个周期叫作"一元"。

人清晨时起床,没有接触外物,心的清明景象,就像在伏羲年代遨游一般。

感悟

一日之计在于晨。

一日之计在于元,每天都是一个全新的周期。

日课原典

人君端拱清穆，六卿分职，天下乃治。

白话译文

一国之君，庄严临朝，清静温和，六卿各司其职，天下由此得到治理。

《传习录》详解

人的心统领五官，跟一国之君治理国家，是一样的道理。
眼睛要看的时候，心就跑到美色上；耳朵要听的时候，心就跑到歌舞上。
这就像君王——
要选官的时候，就亲自坐到吏部；要调集军队的时候，就坐到兵部。
如此一来，何止是失却君主的身份，就连六卿也无法履行各自的职责。

感悟

如果像明君一样，百官各司其职，气定神闲，人就快乐。
如果像昏君一样，忙于追逐万物，心随物动，人会累死。

日课原典

善念发而知之,而充之。

白话译文

善念一动,自然明察,自然扩充它。

《传习录》详解

善念一动,自然察觉,自然扩充它。
恶念一动,自然察觉,自然遏制它。
知道该扩充还是该遏制,是本心的愿望,是与生俱来的一种灵性。
圣人只有这一种灵性,学者应该存养这灵性。

感悟

做一次善事容易,难的是一辈子做善事。
克制一次恶念容易,难的是一辈子克制恶念。

日课原典

汝心中决知是无有做劫盗的思虑，何也？

白话译文

人心里绝不会有做强盗的想法，为什么？

《传习录》详解

一般人，稍加判断，就很清楚自己绝对不会有做强盗的想法，什么原因？是你根本就没有这个心思。

人如果把对财、色、名、利的想法，都像对待不做强盗的想法一样，都彻底消灭，光溜溜地只剩下心的本体，看你还有什么闲思杂念？

闲思杂念，说到底都是从财、色、名、利这些病根上滋生出来的，只要找到病根就明白了。

感悟

人有杂念，茶不思、饭不想，一定是跟财、色、名、利有关。

心乱的时候，不妨问问自己是否有"做强盗的心"？

日课原典

"持其志",则养气在其中。

白话译文

"坚守自己的志向",就是存养自己的气。

《传习录》详解

孟子曰:"夫志,气之帅也;气,体之充也。夫志至焉,气次焉。故曰:'持其志,无暴其气。'"

所谓"持其志",养气就在这个过程中。

所谓"无暴其气",不放任自己的气,也是持其志的意思。

感悟

志就是气,气就是志。

坚守志向,就是存养自己的气。

日课原典

病根原不曾除,则亦不得谓之无病之人矣。

白话译文

病根还没有除掉,就不能说他是没病的人。

《传习录》详解

身体染有疾病的人,虽然有时不犯病,然而因病根本就没有根除,也就不能说他是没病的人。

对普通人来说,好色、好利、好名的心,不能说没有,那就是有。

有好色、好利、好名的心,就像有病的人一样。

必须把平时的好色、好利、好名的私欲统统清理干净,不再留有一丝一毫,使本心通透纯净,全部是天理,才可以叫作喜、怒、哀、乐没有启动的"中",才是天下的至高无上的根本。

感悟

不犯病不等于没有病,因为病根还没有根除。

保持身体健康和保持心理健康是一个道理,要把病根彻底去除。

日课原典

道之全体,圣人亦难以语人,须是学者自修自悟。

白话译文

道的全部,就是圣人也难说清楚,必须是学习的人自己修炼体悟。

《传习录》详解

孔子的众弟子中只有颜回看到了圣道的全貌。

颜回感慨,"夫子一点点教我,读书让我渊博,用礼来约束我",他是看懂了圣道才会这么说。

颜回说,"虽然想跟从学习,却没有定好的路。"也是文王说的"道只可以远望却没法看清楚"的意思。

颜回去世后,圣学的正宗就再也没能完整流传了。

感悟

圣道常有,圣人不常有。

圣道只存在学习的人自己身上,前提是你得真修真悟。

日课原典

过去未来事,思之何益?徒放心耳!

白话译文

过去和未来的事情,思虑它们有什么好处?白白放逐本心罢了!

《传习录》详解

保有一颗常常明察的本心,就是真学。

对于已经发生的事情、没有发生的事情,想来想去没有什么好处?只不过是白白地放逐了本心。

人说话没有次序、前言不搭后语,可以看出他的本心没有得到存养。

感悟

学的根本在存养一颗时时刻刻明察秋毫的心。

学在当下,活在当下。

日课原典

心外无物。

白话译文

心的外面没有物。

《传习录》详解

心的外面没有物。
如我心有一个念头孝顺双亲,那孝顺双亲就是物。
心就是心,就是一颗心,没有外物。
物是心中念头的外在呈现。
心里有什么念头启动,就有什么物呈现出来。

感悟

心动才有物,但心里不存物。
心里存了外物,心就不再纯真,就变成被外物牵引的心。

日课原典

今为吾所谓格物之学者，尚多流于口耳。

白话译文

如今学我所说的格物学说的，大多还只是停留在嘴巴和耳朵上。

《传习录》详解

在嘴巴和耳朵上用功的人，能举一反三吗？

嘴上说的是天理，不知道心里的转瞬之间，已经有多少私欲。暗流涌动的私欲，即便是尽力体察都不易发现，更何况只是嘴上说说。

说一套做一套，把人欲放在一边不去除，这哪里是格物致知的学问？

感悟

嘴上一套，心里一套，做的是另一套，这样的人还少见吗？

今天说学习格物致知的人，又有多少人偷偷地带着自己的私欲？

日课原典

格者,正也,正其不正以归于正也。

白话译文

格,就是校正,校正不正的使其回归到正。

《传习录》详解

格物的格,就是校正,把不正的校正过来,回归到正。心正就中,身修就和。

感悟

通过校正,让物的不正回归到正,就是格物。
发现你身边那些不正的地方,格之。

日课原典

格物无间动静。

白话译文

格物不分动与静。

《传习录》详解

格物没有动与静的分别,静也是物的一种。
孟子所说的"必有事焉",说的就是无论动静都有事物存在。

感悟

格物是一种生活状态。
不分动静,其实是一种时时刻刻用功的表现。

> 日课原典
>
> 修身是已发边,正心是未发边。

白话译文

修身是本心发动的一面,正心是本心未发的一面。

《传习录》详解

下功夫的难点,在格物致知上,就是诚意的事情。
意如果诚,大多数情况下,心即自正,身也自修。
但是正心和修身各有各的用力之处。
修身是本心发动的一面,正心是本心未发的一面。

感悟

身心是一体的,身、心都需要下诚意功夫。
正心和修身的根本都在心。

日课原典

> 仁是造化生生不息之理。

白话译文

仁是自然造化生生不息的法则。

《传习录》详解

仁是自然造化生生不息之法则，虽然弥漫周边，到处都在，但是它的运行发生，也只是一个渐变，所以生生不息。

就像冬至一阳初动，一定是一阳生成后逐渐到六阳生。如果没有一阳生，怎么会有六阳？一阴也是一样。

因为是渐进，所以就有一个开始的地方，因为有个开始的地方，所以生。因为生，所以不停止。

感悟

仁在，自然造化运行不止。

仁是一个循序渐进的过程。

日课原典

至善者,性也。

白话译文

至善,就是恢复天性的本来面貌。

《传习录》详解

至善(至高无上的善,大善)就是性,性本来没有一丝一毫的恶,所以叫至善。

至善,就是恢复天性的原本面貌。

感悟

人性本来至善。

每一天就是一个"至善"的过程。

日课原典

孝弟为仁之本,却是仁理从里面发出来。

白话译文

孝悌是仁的本原,仁理是从孝悌里生发出来的。

《传习录》详解

一棵树,开始抽芽,就是发端处,抽芽之后长树干,有了树干然后生长树枝和树叶,然后是生生不息。

如果没有芽,哪来树干,哪来树枝、树叶?能抽芽,必然是下面有个根在。有根才生,无根便死。

父子兄弟之爱,就是人心生生不息之意的发端处,就像树木的抽芽。

从孝悌开始,才有仁民、爱物的心,这就是有树干有树枝树叶。

感悟

知孝悌,则知仁。

没有孝悌,就不会有仁民、爱物的心。

日课原典

无私心,即是当理。

白话译文

没有私心就是合乎天理。

《传习录》详解

心就是理。

没有私心就是合乎天理,不合乎天理就是私心。

把心和理分开讲,恐怕不完善。

感悟

人心和天理是一回事。

所谓外物之理不是理,是私欲,是私心。

日课原典

都只是成就他一个私己的心。

白话译文

就是要成全他一颗自私的心。

《传习录》详解

佛家不沾染人世间的一切私欲,看上去像没有私心。
但是,佛家把人伦抛弃了,这个不合理。
佛家和俗世常人一样,都是为了成全他自己的私欲。

感悟

逃避是一种自私。
迎难而上,直面人生,这才是圣道。

日课原典

人须是知学。

白话译文

人一定要先知道什么是学。

《传习录》详解

要明白什么是"知学",先要明白"为什么学"、要"学什么"。

学什么?学存养天理。心的本体就是天理。

如何学?把自己的私欲克制了,哪还用发愁看不清楚天理、私欲?

讲习研究就是修身养性,不讲习研究只是因为修身养性的志向不真切。

感悟

好好学习,天天向上,根本是"须要知学"。

"知学",才知道讲习研究,自然就实现了修身养性。

日课原典

总是志未切。

白话译文

总是志向不够坚定。

《传习录》详解

大多数人总是志向不够坚定。
志如果坚定，耳闻目睹的都会反应在心上，哪里会有认不清的道理？
"是非之心，人皆有之"，不要想借助外力、外物来实现目标。

感悟

很多事情，表面上看起来有许多因素影响，其实根本还是自己的志不够坚定。
坚守自己的志向，是快乐人生的不二法门。

日课原典

若只管求光景、说效验，却是助长外驰病痛，不是功夫。

白话译文

如果只想着表面好看、要马上见效，都是助长追逐虚妄的毛病，不是功夫。

《传习录》详解

我们眼下用功，只是要让为善的心更加真切。这个心真切了，看到善就靠近学习，有过错就改正，这才是真切的功夫。

这样一来，个人私欲日渐减少，天理日渐明晰。

"外驰"是一种不踏实和毛病。表面好看，立马见效。这些都是内心急于求成的幻象。这些都不是功夫，反倒是助长了向外寻求天理的毛病。

感悟

心急吃不了热豆腐。

做表面文章的结果，就是让自己患上"急于求成"的病。

日课原典

一两之金，可以无愧。

白话译文

只重一两的金子，也不必惭愧。

《传习录》详解

人到了纯是天理的境界就是圣人，金到了足色就是精金。

圣人的才力有大小不同，就像金子的分量有轻重。

普通人，只要肯为学，使本心纯然天理，就可以成为圣人，这就像一两重的精金，跟万镒相比，虽然分两悬殊，只要成色一样足，也不必惭愧。这就是所谓的"每个人都可以成为尧舜"的道理。

感悟

是金子总会发光。

一千克金子能发光，一克金子也能发光，金子能否发光，不在于轻重而在于成色。

日课原典

知识愈广而人欲愈滋，才力愈多而天理愈蔽。

白话译文

知识越广博，私欲越滋生；才力越多，天理越蔽塞。

《传习录》详解

后世的人不知道圣人的根本是纯乎天理，反倒是专门在知识才能上探求圣人之道，自己只想着怎么学会圣人的知识、才能。

这就好比看到别人有万镒的金子，自己不专心锻造冶炼提高成色，达到足金的精纯，而是只想在分量上看齐，锡铅铜铁乱掺杂；结果是，分量越增长，成色越差，到最后，金也消失了。

感悟

圣人的根本是天理而不是知识才能。

天理不明了，知识越多反而可能产生副作用。

> 日课原典

吾辈用功，只求日减，不求日增。

白话译文

我们用功，只求一天比一天减少，不求一天比一天增加。

《传习录》详解

我们用功，只求日减，不求日增。

减得一分私欲，就是复得一分天理，这样何等轻快洒脱、何等简单容易！

感悟

心体的容量是恒定的，私欲越少，天理越多。

增就是减，减就是增。

日课原典

天地生意,花草一般,何曾有善恶之分?

白话译文

天地万物生生不息,像花草一样,哪里有善恶的区别?

《传习录》详解

天地万物生生不息,就像花草一样,哪里有什么善恶的区别?
你要赏花,就把花当作善,把草当作恶;
你要用草时,又把草当作善了。
这样的善恶,都是因个人心里的好恶而生的,所以说这是不对的。

感悟

花草本无善恶,人和事物本来也没有善恶。
不能以对自己是否有用作为善恶的标准。

日课原典

不动于气,即无善无恶,是谓至善。

白话译文

元气不动,就没有善恶,这就是常说的至善。

《传习录》详解

无善无恶是天理安定的时候,有善有恶是心体波动的时候。元气不动,就无善无恶,这就是常说的至善。

感悟

冲动是魔鬼。

越是有事,越要"不动于气"。

> 日课原典
>
> 不作好恶,非是全无好恶,却是无知觉的人。

白话译文

不作好恶,不是完全不分好恶,那样就成了没有知觉的人。

《传习录》详解

所谓"不作"的意思,就是好恶一直遵循天理,不去增加一分私意。这样,就像不曾有好恶一样。

如果草有点碍事,按理该除去,去除就行;如果没有及时去除,也不要放在心上。如果加了一分私意,就是心体上留下累赘,就有了许多动气的地方。

感悟

不作好恶,是心里没有好恶。

有一种人需提防:凡事"打哈哈",眼中没有好坏,其实是既自私又不负责任。

日课原典

故有所忿嚏好乐,则不得其正。

白话译文

因此一有忿恨或喜欢,就不能中正。

《传习录》详解

诚意只是遵循天理。
既然是遵循天理,就不能加一点私意。
因此,一旦有点忿恨或喜欢,就不能中正。
须是心胸开阔正直无私,才是心的本体。

感悟

喜欢或者不喜欢,都是加了个人的意思。
诚意,就是不能附加个人的喜好。

日课原典

为学须得个头脑。

白话译文

学习必须得有独立思考能力。

《传习录》详解

学习必须得有独立思考能力，这样功夫才能落到实处。

即便有间断，像船里有舵，一转就明白了。

否则，即便是为学，只是做到一个"打着义的名义获取私欲"，只是"行而不明，习而不察"，不是大道人心之本、不能明白彻悟。

明白这个道理，横说竖说都对。

如果有的通，有的不通，还是不明白这个道理。

感悟

做什么事情都要有个属于自己的头脑（主见）。

人云亦云，最终不过随波逐流，庸庸碌碌一辈子而已。

日课原典

以亲之故而业举,为累于学。

白话译文

为父母参加科举考试是被学习所累。

《传习录》详解

为了父母而参加科举是被学习所累,那么,为了赡养父母而种田也是一种被学习所累吗?

这种说法,"只怕是丧失了志气。"

只怕是学习的志气不真切罢。

感悟

工作、生活,每一件事都可以有很多借口。

那些拿父母、拿孩子当借口说事的人,都是自己骗自己,其实是自己不够努力。

日课原典

如何不忙？

白话译文

怎么可能不忙乱呢?

《传习录》详解

天地万象运行,本来没有一点停歇。因为有个主宰,所以不先不后,不急不慢,纵使有千变万化但是主宰总保持安定,人靠这个主宰就可以生存。

如果主宰安定,跟天运一样永不停歇,虽然瞬息万变,也总是从容自在。

如果没有这个主宰,只任由这气恣肆乱流,怎能不忙乱?

感悟

生活太忙,只是因为人没有主宰。

心有主宰,气定神闲;如果气乱了,一切也就完蛋了。

日课原典

为学大病在好名。

白话译文

修身养性最大的毛病就是追逐名声。

《传习录》详解

名与实是对立的。

务实的心重一分,务名的心就轻一分。

都是务实的心,就根本不会有务名的心。

如果务实的心像饥饿的人找饭吃、像饥渴的人找水喝,哪里还有工夫去好名!

实和名不相符,活着还可弥补,死了就再没机会了。

感悟

务虚容易,务实难。

谁都喜欢别人吹捧,要理性面对吹捧你的人。

日课原典

悔悟是去病之药,然以改之为贵。

白话译文

追悔醒悟是治病的药,但是改正才更可贵。

《传习录》详解

后悔常见,而追悔醒悟不常见。
追悔醒悟是治病的药,但是改正才更可贵。
如果把悔悟滞留在心中,就会因为吃药又发病。

感悟

比反省后悔更重要的是改正!
悔悟的心思,一定要消除彻底,否则,留下一点还会引发新病。

> 日课原典

不知自己是桀纣心地，动辄要做尧舜事业，如何做得？

白话译文

不知道自己是跟桀纣一样的心地，动不动要做尧舜一般的事业，怎么做得成？

《传习录》详解

后世的儒生不明白圣人的学问，不明白在自己的心地"良知良能"上体察认知扩充，却去妄想知道自己无法知道的，妄图能做到自己做不到的，一味只是好高骛远，不知道自己是跟桀纣一样的心地，动不动要做尧舜一般的事业，怎么做得成？

终年忙忙碌碌，一直到衰老死去，也不知道成就了个什么，真可悲。

感悟

痴心妄想，是一种病。

可以有更高的追求，但不要把眼睛盯住目标上，要把眼睛落实在行动上。

日课原典

"学"是学去人欲、存天理。

白话译文

"学"是指学习去除私欲、存养天理。

《传习录》详解

想去除私欲、存养天理，就会自己修正于先觉，考证于古训，自己就下许多问辩、思索、存省、克治的功夫。

但是，做这些功夫，不过是想去除这个心的人欲，存养自己心的天理。

人心本来喜欢理义，就像眼睛看到美色自然欢喜，耳朵听到音乐自然欢喜一样。心只是被个人欲望闭塞和牵累，才开始不喜欢理义。

如今人欲一天天减少，理义一天天滋养，怎么能不愉悦呢？

感悟

学来学去，原来，"学"就是想着去除人欲、存养天理。

心本来是理义的天然所在，你越学，心就越欢喜。

日课原典

种树者必培其根,种德者必养其心。

白话译文

种树的人一定要给树根培土,种德的人一定要存养他的心。

《传习录》详解

要让树生长,一定要在开始生长的时候就修剪掉多余的树枝;要让德崇高,一定要在开始学的时候就去除对外物的喜好。

种树,只要生出多余的枝,必须砍除,既不拔苗助长,也不忘在脑后,坚持培植,枝叶就会日渐茂盛。

刚开始为学跟种树是一个道理,贵在专注。

感悟

养心如种树,要给树根培土,打好基础。

养心如种树,要想树长得高大,得合理修剪。

日课原典

日不足者,日有余矣。

白话译文

每天看到自己不足的人,一天比一天进步。

《传习录》详解

专注于涵养身心的人,每天看到的是自己的不足;
只在知识见闻用功的人,每天看到的是自己见识的增加。
每天看到不足的人,一天比一天进步;
每天看到增加的人,一天不如一天。

感悟

增加就是减少,减少就是增加。
眼里只有增加的人,结果只会减少;眼里有不足的人,反而会进步。

日课原典

有事时便是逐物,无事时便是着空。

白话译文

遇到事就追逐物欲,没事时就变得空虚。

《传习录》详解

一是天理。

主一,就是一心只在天理上。

如果只知道"主一",不知道"一就是天理",有事的时候就变成追逐外物,没事的时候就变成了执着空洞。

喝酒就一心在喝酒上,好色就一心在好色上,都是追逐外物。

不管有事无事,心都要在天理上用功。

感悟

专一,必须专一个"主",这个"主"是天理,不是外物。

有天理,"主"才能够落到实处。

日课原典

> 须能尽人之性,然后能尽物之性。

白话译文

只有能参透人的本性,然后才能参透物的本性。

《传习录》详解

心的本体是性。

性就是理。

人要先去涵养自己的性情,首先须能参透人的本性,然后才能参透物的本性。

感悟

推己及人,才能推己及物。

尽性的前提是,先得涵养自己的性情。

日课原典

自圣人以下,不能无蔽,故须格物以致其知。

白话译文

普通人没有不被私欲蒙蔽的,所以需要通过格物复原自己的良知。

《传习录》详解

知是理的灵光闪现的地方。

知,统帅他的是心。

幼儿时期的孩子,都知道爱他的父母的,都知道要尊敬他的兄长,只是这个"灵"能够不被私欲遮挡,充盈饱满,就完全是他的本体,跟天地同德。

自圣人往下,不能没有遮蔽,所以必须格物以便复原自己的良知。

感悟

圣人的灵光一直闪耀,普通人的灵光都被遮挡住了。

格物,就是去掉遮挡灵光的东西。

> 日课原典
>
> 戒惧之念,无时可息。

白话译文

戒慎恐惧的念头,一刻不能停。

《传习录》详解

人前人后,常存戒慎恐惧的念头,不因为周围环境变化而改变自己的心态。这是君子慎独。

如果戒慎恐惧的心思稍有消失,不光是糊涂,而是恶念流进。

从早到晚,从小到老,如果要没有心思,就是自己没有察觉,除非是昏睡,除非是形如槁木,心如死灰。

感悟

戒惧也是知。

心有正念,才是生机所在。

日课原典

所谓汝心,亦不专是那一团血肉。

白话译文

所谓你的心,不是特指那一块血肉。

《传习录》详解

如果心是指那一团血肉,那些已死的人,那一团血肉还在,为什么不能看、不能听?

所谓你的心,是那个能指挥说话、行动的,是性,是天理。有这个性,才能有这个性的生生不息,这就是所说的仁。

因为他统帅整个身体,所以称之为心。

感悟

心脏是生理的,心不是生理的。

心不是那块血肉,是指挥身体各个器官与自然万物感应的统帅。

日课原典

人须有为己之心。

白话译文

人必须有为自己的心。

《传习录》详解

心就是真正的自己,是身体的主宰。

如果你真的是为那个肉体的自己,就必须常常守护这个真己的本体。稍有一点非礼的萌动,就像被刀割、就像被针刺,必须把刀拿开,把针拔去。这才是有为自己的心,才能克己。

人能克制自己,才能够成就自己。

感悟

人有肉身,肉身不是真正的自己,真正的自己是心。

人要有为自己考虑的心,才能让自己立得住。

日课原典

尔乃贵目贱心。

白话译文

你这是重视眼睛、轻视本心。

《传习录》详解

有一个弟子得了眼病,忧愁得不得了。
王阳明说:"你这是重视眼睛、轻视本心。"

感悟

贵物贱心,多少人都迷失在这种千年轮回的万劫不复中。
贵脸贱心,是当下部分女性的写照;贵车贱心,是当下部分男性的写照。

日课原典

大抵二氏之学,其妙与圣人只有毫厘之间。

白话译文

大体上佛道两家的学说,其精妙处跟圣学的差别只在毫厘之间。

《传习录》详解

我自幼坚定相信佛教、道教,自认为有一定收获,觉得儒家不值得学。

后来在贵州龙场住了三年,发现圣人的学问是如此简易、广博,才明白错用了三十年力气。

感悟

佛教、道教都是学问,但与圣学有"一点"差别。

为什么说毫厘之差,因为毫厘之差的背后,是天壤之别。

日课原典

知昼夜,即知死生。

白话译文

懂得昼夜,就懂得生死。

《传习录》详解

你懂白天吗?

大多数人迷迷糊糊地起床,傻乎乎地吃饭,不知道为什么行,为什么习,一天天浑浑噩噩,只是白日做梦。只有时刻不忘存养功夫,让心明白、清醒,天理没有一点间断,才能够懂得白天。

这就是天德,领悟白天黑夜运行的法则由此获得良知,还有什么死生的疑惑?

感悟

一天又一天,不懂昼夜,一天天做白日梦。

心有良知,就是白昼;浑浑噩噩,堪比黑夜。

日课原典

哑子吃苦瓜,与你说不得。

白话译文

哑巴吃苦瓜,对你说不出。

《传习录》详解

真知是什么?

王阳明说,这就像哑巴吃苦瓜,对你说不出。你要知道有多苦,还得你自己吃。

徐爱说,这种才是真知,才是行。

感悟

纸上得来终觉浅,绝知此事要躬行。

真知只有在自己的行动中才能体会到。

日课原典

圣人率性而行即是道。

白话译文

圣人按照其本性而行动,这就是道。

《传习录》详解

圣人以下的人不能遵循自己的本性行动,在道上,不是过分就是不够,所以必须修道。

修道就是贤明的人不会做得过分,愚钝的人不会做得不够,都要遵循这个道,这个道就是个教化。

人能修道,然后能不违背道,以复原其性的本体,那么就是圣人率性而为的道了。

感悟

率性而为,根本在性。

圣人的性,光明通透,自然可以率性;常人的性,需要复原其本体,然后才可以率性。

日课原典

夫人必有欲食之心，然后知食。

白话译文

人一定是先有想吃饭的心，然后才知道饭的味道。

《传习录》详解

饭菜味道好不好，一定等入口才知道，哪有不等入口就已经先知道食物味道的好坏的？

一定有了要走的心，然后才知道路，要走的心就是意，就是行的开始。

路是危险还是平安，一定等亲自走了才知道，哪有不等亲自走就已经知道路的危险或平安的？

感悟

欲食之心，就是"行"。

不行，就永远不会知。

日课原典

真知即所以为行,不行不足谓之知。

白话译文

真知就是用来行动的,不行动不足以称为知。

《传习录》详解

真真切切的知,是行;明明白白的行,是知。

知和行的功夫本来不可分离,只因为后世的学者分作两部分下功夫,丢掉了知行的本体,所以有合一并进的说法。

心的本体是性,性就是理。

到心外去求理,是知行成为两个的原因。

从本心上求理,是圣门知行合一的教导。

感悟

什么是知?

没有行动的口号型专家,你还是别听了。

日课原典

盖"知天"之"知",如"知州""知县"之"知"。

白话译文

"知天"的知,如同"知州""知县"的知。

《传习录》详解

心的本体是性,性的本源是天。能尽自己的心,也就是能尽自己的性。

知州,一个州的事情都是自己的事;知县,一个县的事情都是自己的事。

"知天",就是与天合而为一。

"事天"就好比儿女侍奉父母,大臣侍奉君主,还是把人与天分开为二了。

感悟

人与天,应该是同一的。

"知天",要以天下事为自己事。

日课原典

所谓格物致知者，致吾心之良知于事事物物也。

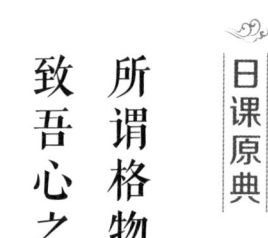

白话译文

所谓格物致知，就是把我们内心的良知用到日常事物上。

《传习录》详解

那些在事事物物上寻求天理的人，如同在父母身上寻求孝道，是"玩物丧志"。

良知就是天理，把内心良知的天理用到事事物物上，事事物物的天理就得以运行。

致得心中的良知，就是致知。

让万事万物都运行合乎天理，就是格物。

感悟

"玩物丧志"，人被物牵着鼻子走，就会迷失本心。

良知不是用来供养的，是应用到万事万物中的。

> 日课原典

斯人沦于禽兽夷狄而犹自以为圣人之学。

白话译文

这些人明明沦落到禽兽的地步,还自以为学的是圣人的学问。

《传习录》详解

正本清源的学说一日不彰明于天下,那么天下学习圣人的人便会一天天感到繁复艰难,甚至沦落到夷狄、禽兽的地步,还自以为学的是圣人之学。

我的学说虽然暂时彰明于天下,终究只是解一时之病,解了西边的冻,东边又结了冰;拨开前面的雾,后面又涌起了云。就算我不顾安危、喋喋不休地讲论说道,也终究不能救天下分毫。

感悟

圣学不明,王阳明来解冻。

《拔本塞源之论》,是王阳明如泣如诉的一篇巨作,读之让人心痛。

(注:全文见附录,建议朗读,直至背诵)

> 日课原典

霸者之徒，窃取先王之近似者。

白话译文

讲霸道的一派，偷用的是跟王道近似的东西。

《传习录》详解

讲霸道的一派，偷偷地用跟先王之道类似的东西，借助外部的知识技能以满足自己的私欲，世人纷纷以他们为宗师，圣人之道就此荒芜堵塞。

他们探讨可以富国强兵的技巧等，其实都是欺天罔人以猎取个人功利名声的手段。因此，像管仲、商鞅、苏秦、张仪这样的人，才会多到不计其数。

感悟

世间从来不缺乏霸者，霸者总在历史上留其名，更常被世人误认为宗师。

霸道和王道之间，就是毫厘之差。

日课原典

目不耻其无聪,而耳之所涉,目必营焉。

白话译文

眼睛不因为不会听而羞愧,耳朵听到声响,眼睛一定会关注。

《传习录》详解

圣人的心,是以天地万物为一体的,对待天下人,没有远近亲疏的分别。

拿人的身体来说,眼睛、耳朵、手、脚,都是有益于自身的作用,各有功能,互助成一体。

脚不因为不能拿东西而羞愧,手探出去,脚一定前进协助。

感悟

像身体耳目手足互相配合的感觉一样,天下人本来可以各司其职,其乐融融。

圣学的根本在于复原心体,以天地万物为一体。

日课原典

好色之人，未尝病于困忘，只是一真切耳。

白话译文

好色的人，从不担忧困惑忘记，就是好得真切。

《传习录》详解

我们求知，紧要的关键，只是一个立志。
所谓困惑、忘记的毛病，都是立志不真切。
怎么就是真切？
好色的人，从不会对色生出困惑、忘记的病，只是好色好得真切。
自己的瘙痒，自己一定会知道，自己一定会去抓挠止痒。
佛教所谓"方便法门"，必须是自己琢磨处理，别人没法使力，也没有别的方法可以用。

感悟

爱之深，痛之切。
好色的功夫，是天下第一真切的功夫。

日课原典

真所谓以小人之腹，而度君子之心矣。

白话译文

真的是"以小人之腹度君子之心"。

《传习录》详解

圣人的气象就是圣人的，我们怎么能感受到呢？

普通人想要识别清楚圣人，就像用没有准星的秤去度量轻重，就像用没有开光的铜镜去照美丑，这就是所谓的"以小人之腹度君子之心"啊。

圣人的气象，从哪里可以认得？

自己的良知，本来与圣人没有区别。如果能清楚地体认自己的良知，那么，圣人的气象就不在圣人那里，而在我身上了。

感悟

世人皆知"以小人之心度君子之腹"，不知"以小人之腹度君子之心"。

世人都有"小人之腹"，我们要做的就是对自己的心多打磨，多下功夫。

日课原典

凡人为学，终身只为这一件事。

白话译文

凡是人求学，终生只做这一件事。

《传习录》详解

凡是人求学，终生只做这一件事。从小到老，从早到晚，不论有事没事，只是做这一件事，这就是古人所说的"必有事焉"。

凡是处理事物有尽善有不尽善的，甚至遇到困顿失序的问题，都是因为在意毁誉得失，不能确实致自己的良知。

如果能够扎实致自己的良知，就能看出来平常所谓善的不一定是善，所谓不善的正是因为在意毁誉得失，自己毁坏了自己的良知。

感悟

人这辈子，到底天天忙活什么？

事上磨炼，磨炼的不是事，而是良知。

日课原典

格物是致知功夫。

白话译文

格物是致知的功夫。

《传习录》详解

格物是致知的功夫，懂得致知就是已经懂得格物。如果是不懂得格物，就是致知的功夫也不懂得。

感悟

格物是行，致知是知。
格物和致知原来是一回事。

日课原典

各自且论自己是非,莫论朱陆是非也。

白话译文

各人先论论自己的是非,不要先谈人家朱熹、陆九渊的是非。

《传习录》详解

用言语诋毁他人,这种诋毁是肤浅的。

如果自己不能身体力行,只是夸夸其谈,虚度光阴,浪费时日,这是用行动诽谤自己,这就严重了。

从前的人说攻击我的缺点的人是我的老师,老师怎么可以讨厌呢?

感悟

言谤是小事,身谤是大事。

谁人背后不被说,说别人是非之前,先找找自己的是非。

日课原典

是有意于求宁静,是以愈不宁静耳。

白话译文

刻意去追求宁静,反而更加得不到宁静。

《传习录》详解

心,到底是动还是静?妄想的心是动的,本体的心是静的。

心体永保明净,心也就永远是亦动亦静的状态,天地万物由此恒久不息。

照心是心光照耀,妄心也是心光照耀。

本体的心有片刻停歇就会消亡,就不是至诚而永不停止的学问了。

感悟

心静不静,在于是否有妄念。

心有妄念,用功消除,就是本心。

日课原典

故须学以去其昏蔽。

白话译文

因此需要通过学习来消除这些蒙蔽。

《传习录》详解

本性没有不善的,所以知没有不良的。
真知,是心的本体,人人都一样具备。
但不能不被物欲所蒙蔽,因此需要通过学习来消除这些蒙蔽。
良知的本体,天生不会受到外力的丝毫损害。
知没有不良,之所以中和、寂静不能尽显,是因为蒙蔽没有被完全除去,因而存养得不够纯净。

感悟

为什么需要"学",因为良知总是被蒙蔽。
良知的本体,是不会受到外力丝毫损害的。去除蒙蔽,良知依然纯净。

日课原典

喜、怒、忧、惧亦不外于良知也。

白话译文

喜、怒、忧愁、恐惧也不在良知之外。

《传习录》详解

喜、怒、忧、惧是人之常情,一旦被良知发觉,就会慢慢消失平静。良知虽然不在喜、怒、忧愁、恐惧中滞留,喜、怒、忧愁、恐惧也不在良知之外。

感悟

人都有喜、怒、哀、乐,良知自然经常面对喜、怒、哀、乐。
喜、怒、哀、乐不能超然于良知的外面,是良知磨炼的地方。

日课原典

必欲此心纯乎天理而无一毫人欲之私，此作圣之功也。

白话译文

一定要让心充盈天理，不留一点个人私欲，这是求圣学的功夫。

《传习录》详解

一定要让心充盈天理而没有一点个人私欲，要在私欲萌芽之前就防范、在私欲萌芽的时候克除，不这样做就不行。

这就是《中庸》"戒慎恐惧"和《大学》"格物致知"的功夫。

除此之外，再没有其他功夫。

感悟

圣学功夫，根本在心里全部充盈天理。

人都有私欲，我们能做的就是预先防范和现场克除。

日课原典

能戒慎恐惧者,是良知也。

白话译文

能让人戒慎恐惧的,就是良知。

《传习录》详解

戒慎恐惧,表里如一。
心要无所谓动静,良知才不会停息。

感悟

戒慎恐惧,是难事。
唯有良知能让人戒慎恐惧。

日课原典

些少渣滓如汤中浮雪,如何能作障蔽?

白话译文

些许杂质就像热水中的浮雪,怎能成了障碍?

《传习录》详解

良知本来就是光明的。

气质差的人,杂质多,堵塞也厚,不易通透光明。

气质好的人,杂质本来就少,没有更多阻挡,稍微下一些致知的功夫,他的良知自己就莹洁透明。

些许杂质就像热水中的浮雪,怎能成了障碍?

感悟

把人身上的杂质比作热水中浮雪,这是何等气魄,去除杂质,何等简单!

致良知、下功夫就像不停添柴煮一锅汤,大雪都可瞬间融化,何况浮雪。

日课原典

私欲、客气，性之蔽也。

白话译文

私欲、外邪，都是天性的障碍。

《传习录》详解

天性只有一个。

仁义礼知，是天性的能力；聪明睿智，是天性的本体；喜怒哀乐，是天性的流露。

自私的欲望、外邪侵入体内，这些都是天性的遮掩。

天性的本体有清浊，天性的流露有过和不及，天性的遮掩就有深浅。

私欲和客气，是一种病的两种痛，不是两件事。

感悟

总有一些东西成为天性纯净的障碍，要搞清楚这些东西是什么。

很多事情表面上是两回事，本质上都是一回事。

日课原典

常人多为物欲牵蔽,不能循得良知。

白话译文

普通人大多被物欲牵累蒙蔽,不能遵循良知。

《传习录》详解

良知即是道。
良知就在人心里,不只圣贤,就是常人也都是这样。
若无有物欲牵累遮蔽,只遵循着良知启动应用,就没有不是道的。
普通人大多被物欲牵累蒙蔽,不能遵循良知。

感悟

物欲就是一层纸。
光明就在眼前,就看你敢不敢捅破这层纸。

日课原典

安得以己之昏昏，而求人之昭昭也乎？

白话译文

自己糊涂，怎么能要求别人明白呢？

《传习录》详解

所谓学，就是学会遵循这个良知。所谓知学，就是明白应该一心学习遵循良知。

后世的儒者，大多不过是模仿圣人的影响和事迹，并不明白圣学所说的著、察。自己糊涂，怎么能要求别人明白呢？

所谓生知安行，"知行"两个字也是就用功上说的。

至于说知行的本体，就是良知良能，从这个角度理解，就是困知勉行的人，也都可以说是生知安行。"知行"两个字，更应该精细地体察。

感悟

当头棒喝：自己不明白的事，别要求他人明白！

知行，就是良知良能。

日课原典

乐是心之本体,虽不同于七情之乐,而亦不外于七情之乐。

白话译文

乐是心的本体,虽跟七情之乐不一样,但也不在七情之乐的外面。

《传习录》详解

虽然圣贤有自己的本原的乐,这种本原的乐,普通人也一样有,只不过,普通人虽然也有但是自己体会不到,反而自找了很多忧愁痛苦,自己迷迷糊糊就舍弃了。

即便身处忧愁痛苦迷乱舍弃的状态,但这种乐并不是不存在了,只要一念通透明朗,反省自我认真求诚,这种乐就会出现。

大多数人到处寻找人生之乐,其实是骑驴找驴,本原之乐就是心的本体。

感悟

人生最高境界就是乐。

人生的乐原本在自己身上,不要骑驴找驴。

日课原典

病痎之人，痎虽未发，而病根自在。

白话译文

有疟病的人，病虽不发作，但病根还在。

《传习录》详解

圣人致良知的功夫，是极诚的，永不停息。

圣人良知的本体，光亮洁白像明镜，丝毫没有纤尘，是美是丑，如影随形，但是明镜本身不会留下丝毫沾染。

有疟病的人，病症不一定发作，但病根在，怎么可以因为病没有发作而不吃药调理呢？

致良知就像人对自己的身体一样，有事无事都要致知，就像对待身体，不能等生病了再去治疗，平时就得注意保养。

感悟

良知如明镜，事物美丑，一照就知。

身体需要健身，心体需要存养，心体健康，良知才可常在。

日课原典

良知之外别无知矣。

白话译文

良知之外,不再有知。

《传习录》详解

良知不是因为有所见所闻才有的,但是所见所闻都是良知的应用。因此说,良知不被见闻阻塞,也不脱离见闻。

良知之外,不再有知。

"致良知"是学问最大的关键,是圣人教人的第一要义。

感悟

世上只有一种知,就是良知,此外不再有知。

把功夫下在见闻上,是缘木求鱼。

日课原典

除却见闻酬酢，亦无良知可致矣，故只是一事。

白话译文

除了见闻应酬，再没有良知可致，所以都是一回事。

《传习录》详解

日常生活中，见到的、听到的各种应酬交际，虽然千头万绪，但没有一件不是良知的应用和发挥。

如果说致良知却求之于见闻，那么语义上不免把见闻和良知分成两回事，还是得明白是一回事。

感悟

良知不是悬空的、不是虚假不实在的。

日常生活的见闻应酬，就是致良知。

日课原典

所以认贼作子,正为致知之学不明。

白话译文

之所以会认贼作子,是因为不明白致良知的学问。

《传习录》详解

从良知上产生的思,自然简易明白,良知自然也就能够知道。

如果凭私意安排的思,自然是纷纭烦扰,良知自然能够分辨。

沉迷于空洞死寂,墨守成规地思考,都是为了自己要小聪明,其实就是丧失了良知。

之所以会认贼作子,是因为不明白致良知的学问,不懂得从良知上去体认。

感悟

人生在世,"认贼作子"的情况还真少不了。

避免"认贼作子",只有致良知一个办法。

日课原典

无非是致其良知,以求自慊而已。

白话译文

修养无非是发现自己的良知,以求得自己内心的充实而已。

《传习录》详解

君子交际应酬万般变化,不管行、止、生、死,都是"致良知以求自慊"。大凡谋求自己力所不及的事,勉强干自己才智不能胜任的事,都不是致良知。

先有功利之心,计较成败得失,把做事和存养内心看作两件事,重视本心、忽略做事,就是"自私用智",就不是"致良知以求自慊"的功夫。

感悟

自私莫过于想获得自己能力、才智范围之外的东西,就是贪欲。

致良知,存养本心和做事都同样重要。

日课原典

君子学以为己。

白话译文

君子求学是为了自己。

《传习录》详解

君子求学是为了自己——从不担心他人欺骗自己,只是永不欺骗自己的良知而已;从不担心他人不信任自己,只是永远相信自己的良知而已;

从不曾想预先察觉别人的狡诈和不诚信,总是务求自己明察自己的良知而已。

良知常觉、常照,就像明镜高悬,外物出现不能在良知面前隐藏其美丑。

感悟

为了自己的学,是真正的学。

自己都立不住、没成功,拿什么为别人?

日课原典

世之讲学者有二，有讲之以身心者，有讲之以口耳者。

白话译文

世上讲学的人有两种，一种是用身心讲学，一种是用口耳讲学。

《传习录》详解

道一定是先体察而后可见，不是先见道而后才下体察功夫；道一定是先学习而后明白，不是先外求讲学而后有所谓明道。

世上讲学的人有两种，一种是用身心讲学，一种是用口耳讲学。

用口耳来讲学的，揣摩估量，讲的是影子和声音一样不真切的东西；用身心来讲学的，行也好，察也罢，实实在在都有自己的认知。

明白了这些，就能通晓圣学了。

感悟

言语的巨人，往往是行动的矮子。

多接触"讲之以身心者"，少接近"讲之以口耳者"。

日课原典

夫学贵得之心。

白话译文

做学问最可贵的是内心认可。

《传习录》详解

做学问最可贵的是内心认可——

如果心里认为不对,即便是孔子说的话,也不敢苟同,何况是那些不如孔子的人。

如果心里认为正确,即便是出自普通人,也不敢非议,何况是出自孔子的话。

感悟

做人做事都要讲求一个真字,真来自于内心。

不因为别人位高权重而相信他,也不因为别人平凡普通而轻视他,但求内心一个真字。

日课原典

学无内外。

白话译文

学习没有内外。

《传习录》详解

天理没有内外，人性没有内外，因此，学习也没有内外。

若以为学问一定要到心外寻求，那就是认为自己的本性还有外在的部分，这正是"意外"，正是"用智"。

若以为返身自省是在心内寻求，那就是认为自己的本性还有内在的部分，这正是"有我"，正是"自私"。

这两种情况都不明白本性无内外之分。

感悟

学不分内外，有内外的区别，学就不再是学了。

工作和生活分内外吗？

日课原典

圣人之治天下,何其简且易哉!

白话译文

圣人治理天下,多么简单易行!

《传习录》详解

世上的君子,只靠他的良知,就自然能公平对待是非和好恶,看人如自己,视国如家,以天地万物为一体,天下由此得以治理。

尧、舜作为圣人,说的话百姓没有不相信的,因为他们是凭良知说话,做的事百姓没有不高兴的,因为他们是凭良知做事。

感悟

什么是人?人是天地的心,人和天地万物是一体。

以良知治天下(遇万事万物),简单易行!

日课原典

后世良知之学不明。

白话译文

后世良知的学问不昌明。

《传习录》详解

良知不明，人人各有私心，用各人的小聪明互相算计。

表面仁义，实际自私自利，具有诡辩、虚伪、相争、阴险攻击等各种丑态；嫉妒贤能还称之为主持公道，恣肆放纵还称之为好恶分明。

互相伤害，即便是亲如一家，也不能丢弃彼此之间的胜负争夺，天下那么大，物产那么多，不再能看作一个整体。由此，天下动荡、祸乱迭起以至无穷无尽。

感悟

良知的学问不被世人了解，人心昏暗，世界也昏暗。

良知不仅是个人的事，更是集体的事、社会的事。

日课原典

天下之人犹有病狂者矣,吾安得而非病狂乎?

白话译文

天下的人还有病狂的,我怎能不病狂。

《传习录》详解

我希望用良知学说治理天下,很多人却笑我丧心病狂。

一个人看到自己的父子兄弟掉进深渊,一定会呼叫匍匐、跌落鞋帽,攀着悬崖峭壁去救人。站在一边无动于衷的人,才是丧心病狂的人。

天下人的心,都是我的心。天下的人还有病狂的,我怎么能不病狂呢?天下的人还有丧心的,我怎么能不丧心呢?

感悟

没有恻隐之心的人,不是人。

我的痛只为天下人痛,我的狂只为天下人狂。

日课原典

非诚以天地万物为一体者，孰能以知夫子之心乎？

白话译文

不是真的"以天地万物为一体"的人，怎么能够理解孔夫子的心呢？

《传习录》详解

从前孔子曾经被讥笑议论诋毁，还被起了一个侮辱性的称呼"东家丘"。但是孔子忙忙碌碌，连席子都坐不热乎，难道是为了让人相信自己、了解自己吗？

是因为他有把天地万物视为一体的仁爱之心，痛苦难忍，就是想停止也无法允许自己停止。所以孔子说："我不做这样的人，让谁去做？"

不是真的"以天地万物为一体"的人，怎么能够理解孔夫子的心呢？

感悟

谁人背后不被说，圣明如孔子，当时都被人家非议诋毁，不要在意被说。

人有私欲，自然无法理解孔子的心。

日课原典

使天下之人皆知自致其良知。

白话译文

使天下人都知道自己可以恢复自己的良知。

《传习录》详解

我没有什么才能，怎敢以孔子之道为自己的责任？

诚求有杰出才能共同志向的人，一起让良知的学问大放异彩于天下，使天下人都知道自己可以复原自己的良知，以便相互安乐、相互赡养，去掉自私自利的遮挡，清洗谗言、嫉妒、好胜、易怒的陋习，让天下达到大同。

这是多么快乐的事情啊！

感悟

一个人致良知，仅可以让一个人心安。

让天下人可以自己致良知，那是何等宏伟的美好蓝图，必须是最快乐的事！

日课原典

此正如烧锅煮饭,锅内不曾渍水下米,而乃专去添柴放火。

白话译文

就像烧锅煮饭,锅里还没有添水下米,却专心去添柴加火。

《传习录》详解

求学做事,很多人容易"悬空"。

就像烧锅煮饭,锅里还没有添水下米,却专心去添柴加火,不知道到底想煮出个什么东西来?怕是火候还没有调理好,锅就先破了。

成天空谈,学成一个痴呆汉,遇事就慌乱,无法妥善应对。

很多有志的人,因此劳苦困扰,错误的学习方法,会耽误人的一生,太令人惋惜了!

感悟

不要急于求成,下错功夫不如不下功夫。

工作生活都要讲求方法,错误的方法,会耽误一生。

日课原典

说致良知,即当下便有实地步可用功。

白话译文

说"致良知"则马上就可以实地用功。

《传习录》详解

说"集义"一时还抓不住重点,说"致良知"则马上就可以实地用功,所以我专门讲解"致良知"。

随时就事上致其良知,便是"格物";着实去致良知,便是"诚意";着实致其良知,而无一毫意必固我,便是"正心"。

踏实致良知,就没有"忘"的毛病;没有一点点固执私心,就自然没有"助"的毛病。

感悟

致良知,抓重点,抓难点,抓亮点。

格物,就是随时在事情上致良知。

日课原典

才须搀和兼搭而说,即是自己功夫未明彻也。

白话译文

若认为需要掺杂搭配地讲解,就说明自己的功夫没有通透。

《传习录》详解

圣贤讲学,大多是随时随地就事论事,虽然针对的人不同,但说的话相似,其要点在于头脑功夫,相辅相成。

凡是在古人论学的地方说功夫,就不用掺杂搭配,自然就能吻合贯通。

想靠字面意思上牵强附会的解释,寻求融会贯通,而不在自己的实际功夫上体验,那样,论证得越精确,偏离得就越远。

感悟

圣贤对不同的人说不同的话,话里包含的道理是一样的。

古人的话,是用来指导实际行动的,不是用来在字面上求解的。

日课原典

只是一个真诚恻隐,便是他本体。

白话译文

只是一个真诚恻隐,就是良知的本体。

《传习录》详解

致良知之真诚恻隐用于对待双亲就是孝;
致良知之真诚恻隐用于听从兄长就是悌;
致良知之真诚恻隐用于服务君主就是忠。
良知只是一个,没什么来处和去处,不需要向外假借。
良知显现流行之处,自然有轻重厚薄,丝毫不能增减。
良知可大可小,大到全天下放不下,小到无法再分割。

感悟

良知的本体是真诚恻隐显现处,不需要向外假借。
无来处无去处,无形无尽,良知妙用,用则存,不用也存。

日课原典

事亲从兄一念良知之外，更无有良知可致得者。

白话译文

服侍双亲、尊敬兄长，这些都是一念之间显现的良知，除此再没有其他途径可以求得良知。

《传习录》详解

交友、爱物等，都只是求得那一个服侍双亲、尊敬兄长真诚恻隐的良知，自然处处是道。天下之事，千变万化，不可穷尽。

只靠这一个孝亲爱兄念头里真诚恻隐的良知来应对，就不会有缺憾遗漏的，这就是所说的只有一个良知的缘故。

感悟

一个人最真诚恻隐的地方，就是孝顺双亲、敬爱兄长。

万事变化无穷，应对之策，只能靠这一个事亲从兄的道。只此一家，别无他法。

日课原典

舜察迩言而询刍荛。

白话译文

舜为知晓一些身边浅近言语的意思，会向割草砍柴的人请教。

《传习录》详解

舜思考浅显的道理而向割草砍柴的人请教，不是因为浅显的道理需要思考，不是因为他们值得请教，然后才这样做的。这是他的良知运行得光明透彻，根本没有阻碍遮蔽的地方。这就是所说的大知。

只要拘泥或固执己见，这个知就变小了（就是所谓的小知）。

讲学中，自然有取舍和分辨，但是，在心地上切实用功，必须这样才行。

感悟

大智若愚，大知才是大道。

要想认知清楚明白，首先要去除个人的私欲。

日课原典

尽心、知天者，如年力壮健之人。

白话译文

尽心知天的人，就像年轻力壮的人。

《传习录》详解

致知就像走路。

尽心知天的人，就像年轻力壮的人，能够奔走数千里；

存心事天的人，就像稚嫩的儿童，只能在庭院里学习走路；

"夭寿不二，修身以俟"的人，就像还在襁褓中的婴儿，刚刚能让他扶着墙靠着站，再慢慢学着迈步。

我现在担心的是不会站立、迈步，怎么会忧虑能不能奔走千里呢？

感悟

同一个事情，有不同的境界，要先易后难，循序渐进。

致良知，有难易，不同的人有不同的路径。

日课原典

其进自不能已。

白话译文

他们的进步自然不会停下来。

《传习录》详解

儿童的性情,喜欢嬉戏游玩而害怕拘束,就像草木刚开始萌芽,空间广阔,枝条就可自由生长。

教育儿童,要让他们心中喜悦,用诗歌发动他们的精神,顺势引导、调理,润物细无声,让儿童懂得仪礼而感觉不到难,达到中和而不必明白为什么。

这,就是先王树立教化的深意。

感悟

教育孩子,给孩子一片开阔的空间,孩子就会自己进步。

教育儿童要给他们空间,成人社交也要给对方空间。

日课原典

是盖驱之于恶而求之为善也,何可得乎?

白话译文

这是把孩子推向恶,却想让他们善,怎么可能呢?

《传习录》详解

近来教育儿童的人,每天就知道督促做句读的课业练习,要求拘束而不知引导他们有礼仪,要求聪明而不知培养其善良,用鞭打、用绳捆,像对待抓起来的囚犯一样。

儿童看学校就像监狱而不肯进去,看老师家长像强盗仇人而不愿相见,偷看、逃避、躲藏、掩盖,以便可以嬉戏游乐,设计诈骗,掩饰诡秘以放任其顽劣粗鄙,于是苟且浅薄庸俗恶劣,于是日趋下流(一天天变坏)。

这是把孩子推向恶,却想让他们善,怎么可能呢?

感悟

把孩子当作囚犯一样对待,扪心自问,你可曾这样做过?
家长的某些努力,很可能是把孩子推向恶的一面。

日课原典

诸童子务要各以实对,有则改之,无则加勉。

白话译文

每个孩子都要如实回答,有错就改,没错就继续努力向好。

《传习录》详解

每天早上,孩子们开始上课,先问在家里真心敬爱父母长辈了吗?各种礼节做到了吗?在街上行走,步态规矩吗?

每个孩子都要如实回答,有错就改,没错继续努力。

然后各自回到自己的座位,坐好学习。

感悟

每天早上要跟孩子互动,交流信息。

及时发现错误,鼓励取得进步。

日课原典

量其资禀,能二百字者止可授以一百字。

白话译文

看孩子的资质,能教二百字的,只可教一百字。

《传习录》详解

教书的时候,重要的不是多而是读得精炼娴熟。

看孩子的资质,能教二百字的,只可教一百字,让孩子有多余的精力,这样就不会有讨厌、辛苦的坏处,从而有自然学会的快感。

诵读的时候,一定要其专心致志,口耳一致,字字句句反复演绎,抑扬顿挫其音节,让其心意宽广虚空。

时间久了礼仪得体,聪明才智日渐开启。

感悟

孩子的成长是需要留有足够的空间,绝对不能拔苗助长。

孩子的成长是需要时间积累的。

日课原典

凡习礼歌诗之类,皆所以常存童子之心。

白话译文

学习礼仪,吟诵诗歌,这些都是用来存养童心的。

《传习录》详解

每天的事情,先考察其德行,后背书朗读,再学习礼仪或课业写字,再诵读讲书,再吟诵诗歌。

但凡学习礼仪、吟诵诗歌的技艺,都是以此长期存养儿童本心,使他们乐于学习不感疲倦,从而没有闲暇沾染不端的品行。

教的人明白这一点,就知道怎么做了。

感悟

用正面教育占据童心,乱七八糟的东西就没机会闯进童心。

让儿童在学习中感到快乐而不累,当下的孩子们太累,这一点真的太重要了。

日课原典

意未有悬空的,必着事物。

白话译文

意没有凭空存在的,必定跟事或物联系在一起。

《传习录》详解

心发动的地方是意。

意没有凭空存在的,必定跟事或物联系在一起。

因此,要想"诚意",就是随着意所关联的某事而"格",去除人欲归于天理。如此一来,良知就在这个事上,没有遮蔽而得以"致"。

这就是"诚意"的功夫。

感悟

空想不是意,真正的意是跟事物在一起的。

在具体的事物上,去除人欲归于天理,就可以致良知。

无欲故静

日课原典

白话译文

没有私欲所以静。

《传习录》详解

什么是"静"?

没有私欲所以静,是"静亦定,动亦定"的"定"字,主导其本体。

戒除恐惧的念头是活泼的,这是天机不停的地方,所谓"维天之命,于穆不已"。一旦停止就死了,不是本体的念头就是私念。

感悟

心里不静,是因为有私欲。

静,不是停止,是定。

日课原典

如何欲不闻见？

白话译文

怎么可以不被周围的所见所闻扰乱自己的心？

《传习录》详解

大千世界，声色纷扰。

要想不看见、不听到，除非是枯木死灰，除非耳聋眼盲。

想要不被扰乱，就是虽然看就看了，听就听了，但不会随那闻见转移就是。

感悟

人是社会的人，人不可能逃离社会。

各种事物，躲是躲不开的，只是要心定。

日课原典

人须在事上磨炼,做功夫乃有益。

白话译文

人一定要在具体事情上磨炼,下功夫才有用。

《传习录》详解

功夫是一以贯之的,何必再起一个念头?

人一定要在具体事情上磨炼,下功夫才有用。

如果只是喜欢静,遇到事情就会乱,终究没有进步。

那所谓静的功夫也是看似在收敛,本质上是放纵沉溺。

功夫不分内外,才是本体功夫。

感悟

功夫不是虚幻的,得遇事。

人一定在具体的事情上磨炼,要勇敢面对具体的事。

日课原典

尔只不要欺他。

白话译文

你只要不欺骗自己的良知。

《传习录》详解

有人去心上寻找天理,这就是所谓"理障"。

如何寻找天理,这里有个诀窍——"致知"。

你那一点良知,是你自家的准则。你的意念到达之处,他"是"便认出"是",他"非"就认出"非",一点都欺瞒不得。

你只要不欺骗自己的良知,扎扎实实地顺着他做,善就存养,恶即去除,这多么稳当快乐!这就是格物致知的真诀窍,真功夫。

感悟

良知是自家体己,功夫所在。

不要欺骗自己的良知,要信任自己的良知。

日课原典

虽盗贼亦自知不当为盗,唤他作贼,他还忸怩。

白话译文

就是盗贼也自己明白不应该做贼,喊他是贼,他也不好意思。

《传习录》详解

每个人的心中各有一个圣人,只是因为不够自信,都是自己把圣人埋没了。

良知就在人的心中,无论怎样也无法消灭,就是盗贼也自己明白不应该做贼,喊他是贼,他也不好意思。

良知如同太阳,是物欲遮蔽了太阳的光明,太阳从来不曾消失。

感悟

圣人原本在自己心里,就像日月本在大自然中。

盗贼心中也有一个圣人。

日课原典

真个是灵丹一粒,点铁成金。

白话译文

真的是灵丹一粒,可点铁成金。

《传习录》详解

良知是试金石,是指南针。

人如果明白这良心的诀窍,随便他有多少邪念妄想,这里一察觉,都自动融化消失。

真的是灵丹一粒,就可点铁成金。

下功夫时间越长,越会感觉不一样,必须实践才能体会到。

感悟

良知就是灵丹妙药。

良知可点铁成金,可点化人生。

日课原典

大凡朋友,须箴规指摘处少,诱掖奖劝意多,方是。

白话译文

大凡朋友之间,应该少一些指责批评,多一些开导鼓励,才对。

《传习录》详解

大凡朋友之间,应该少一些指责批评,多一些开导鼓励,才对。跟朋友论学,要委婉谦虚,宽容相待。

感悟

朋友之间要多鼓励、少指责。

具体事情,更需要委婉、宽容。

日课原典

常快活,便是功夫。

白话译文

常常保持快活,就是功夫。

《传习录》详解

一个人生病了,王阳明就拿病来说事。把病当作物来格,病很难治,怎么办?常常保持快活,就是"治病"的功夫。

感悟

生病时候怎么办?保持快活。
遇到难事怎么办?保持快乐。

日课原典

用功久，自有勇。

白话译文

用功久了，自然就有勇气。

《传习录》详解

功夫难免断，怎么办？
需要勇气。
勇气何来？
用功久了，自然就有勇气。
因此有"浩然正气是义举积累而产生"的说法。
能够轻松战胜，那就是大贤人了。

感悟

无论是生活还是工作，我们都需要勇气。
真的勇气，来自长久的用功。

日课原典

心明白,书自然融会。

白话译文

心里明白了,读书自然融会贯通。

《传习录》详解

看不懂书怎么办?
只要打开自己的心。
心里明白了,读书自然融会贯通。
如果心上不通,只想书上的字面意思通顺,只会生出自家的不同意见。

感悟

书读不通,不是字不认得,是心上不明白。
会不会处理事情,关键也在心上。

日课原典

簿书讼狱之间,无非实学。

白话译文

公文诉讼之间的事务,无一不是实际的学问。

《传习录》详解

心学从来没有教人脱离官方文书和诉讼,空无所着地去探求学问。

既然有官司的事物,就从官司的事物上求个学问,这才是真的"格物"。

诉讼中,怒心、喜心、说情等,都是私意,这些只有你自己知道,必须精细自省察觉并克服,不得有丝毫偏差而妄断。

公文诉讼之间的事务,无一不是实际的学问。

感悟

心学最大的误区之一,就是走向虚空。

实学就是格物。不懂实学的,根本上也不懂得心学。

日课原典

"好恶从之",从个甚么?

白话译文

"好恶从之"到底从什么?

《传习录》详解

陈九川写过一首诗跟王阳明道别:

良知何事系多闻?妙合当时已种根。

好恶从之为圣学,将迎无处是乾元。

王阳明说:"如果你不来我这里听讲,就不知道'好恶从之'从个什么。"

好恶从之,如好好色,如恶恶臭,从的是良知。

感悟

要学,也要听。

学是一回事,行是一回事,知行须合一。

日课原典

凡饮食只是要养我身，食了要消化。

白话译文

饮食都是为了要滋养自己的身体，吃了就要消化。

《传习录》详解

饮食都是为了要滋养自己的身体，吃了就要消化。
如果只是蓄积在肚子里，就成了痞块，怎么能转化到身体上？
后世的学者博学多识，都滞留在胸中，都是得了伤食的痞病。

感悟

要学习，要读书，更要消化。
只吃不拉的是貔貅，只学不会用的是书呆子。

日课原典

圣人亦是"学知",众人亦是"生知"。

白话译文

圣人也是"学而知之",普通人也是"生而知之"。

《传习录》详解

圣人只是保全了良知,让良知不受蒙蔽,每日兢兢业业,恭恭敬敬,良知自然不会停息,这也是学。只是天生的成分多一些,所以说"生知安行"。

普通人在孩童时良知完备,后来屏障越来越多,但本体的知,自身不会泯灭,虽然求学克制,也都是依靠良知。只是学习的成分多,所以说是"学知利行"。

感悟

圣人虽为圣,但圣人也需要学习,凡人虽然普通,但良知也是生下来就在心中。

世界上没有绝对的事情,都是相对而言。

日课原典

人心是天渊。

白话译文

人心就是天和渊。

《传习录》详解

心的本体无所不能，原本就是一个天，只因为被私欲阻挡，天的本体才失去了。

心的理无穷无尽，原本就是一个深渊，只因为被私欲堵塞，渊的本体才失去了。

把这些障碍堵塞全部清除干净，本体恢复，就是天和渊了。

不可以说眼前的天是昭昭之天，外面的天就不是昭昭之天。

感悟

井底之蛙，不可"眼见为实"。

天足够高，渊足够深，高或深，只有一个良知。

日课原典

圣贤非无功业气节。

白话译文

圣人不是不要建功立业。

《传习录》详解

圣人不是不要建功立业,但是他循着一个天理,这就是道。(圣人)不靠追求建功立业而获得名声。

感悟

建功立业,是做人的一种本分,圣贤也一样。

只不过,圣贤不靠功业成就自己,功业是身外之物。

日课原典

> 我辈"致知",只是各随分限所及。

白话译文

我们"致知",只要各自按照自己的天分用功。

《传习录》详解

当天体悟的良知,只顺着当天所知尽力扩充到底;跟他人探讨学问,也必须按照各人的天分限度进行。

就像树有一些萌芽,就弄一些水去灌溉;萌芽大一些,便再加水。从直径为两手合拢到双臂合抱,灌溉的量要根据萌芽不同程度的需要。如果只是小萌芽,手上有一桶水,全部灌上去,就浸泡坏了。

感悟

人要学会看低自己,对自己的天分有个清楚的认识。

致知、做事,要循序渐进,不可冒进。

日课原典

一念发动处，便即是行了。

白话译文

一个想法萌生的时候，就是行动。

《传习录》详解

很多人认为知行是两件事，所以有一个念头动了，即使不善，也因为还没行动，就不去禁止。

我所说的知行合一，就是要让人们认识到"一个想法萌生时，就是开始行动"。发动处有不善，就要把这不善的念头克制了，必须要彻底连根拔起，不让那一点念头潜留在心里。

这就是我创立这个学说的宗旨。

感悟

有什么样的想法，就会有什么样的行动。

存养自己的心，必须从克制一个念头开始。

日课原典

善恶只是一物。

白话译文

善恶都是一回事。

《传习录》详解

至善,是心的本体。
本体上超出适当的限度,就是恶。
不是有一个善,又有一个相对应的恶。
因此,善恶只是一回事。

感悟

善和恶,不是对立的,是一体。
世上本没有恶,只是超出了善的范围。

日课原典

人但得好善如好色,恶恶如恶恶臭,便是圣人。

白话译文

人只要做到好善像好色,厌恶像厌臭,就是圣人。

《传习录》详解

人只要做到好善像好色,厌恶像厌臭,就是圣人。
这个看起来容易做起来难。
比如,念头虽然容易知道好善厌恶,但不知不觉中,就又掺进杂念。
一有掺杂,就不再是好善如好色、厌恶如厌臭的心。
真喜欢善,是没有一念不是善。真厌恶恶,是没有一念钩挂恶。圣人的学问,就在一个"诚"。

感悟

好色容易好善难。
世界上的恶很多,但追逐恶的不少,包括你我自己。

> **日课原典**
>
> 动静只是一个,分别不得。

白话译文

动静只是一个,不能分开。

《传习录》详解

动静只是一个。

三更时分空空静静的,只是心存天理,就是现在接应事物的心;

现在接应事物的心,只要循着这个天理,就是那三更时分空空静静的心。

所以动静只是一个,不能分开。

明白了动静合一,那么佛教跟儒家的细微差别自然就明白了。

感悟

只静不动,是死。

动静不是目的,而是一种状态。

日课原典

人若太过矜持,终是有弊。

白话译文

人如果过分矜持,总是有害。

《传习录》详解

人如果过分矜持,总是不好。

人的精力是有限的,如果专门在仪表举止上用功,那么经常就照顾不到内心了。

拿致良知来说,如果在外表上完全不检点,就又是把心和事分成两件了。

感悟

矜持就是把相当一部分精力用在装模作样上了,当然不是好事。

关注外表和内心,都要有一个度。

日课原典

为文所累,心中有一物矣。

白话译文

被文章牵累,心中滞留了一物。

《传习录》详解

花心思写文章没有害处,但是写完了常常挂在心上,就是被这文章牵累了,心里多存了一件事。这个不好。

写文章也要按照自己的才气来,说得太过了,也就不是"修辞立诚"了。

感悟

花心思写文章是对的,但是,写就写了,别总记挂在心里。

写文章和做事情一样,要做力所能及的事情。

> **日课原典**
>
> 佛氏不着相,其实着了相。吾儒着相,其实不着相。

白话译文

佛教不执着于相,其实是着了相。儒家执着于相,其实是不着相。

《传习录》详解

佛教怕被父子关系所累,便逃离了父子亲情;怕被君臣关系所累,便逃离了君臣道义;怕被夫妇关系所累,便逃离了夫妻情分。

这都是因为执着于君臣、父子、夫妻的相,就必须逃避。

像咱们儒家,面对父子,以仁相应;面对君臣,以义相应;面对夫妇,以别相应。何曾执着于父子、君臣、夫妇的相呢?

感悟

着相是直面现实,不着相是逃避现实。

有着相的人生,才有不着相的生活。

日课原典

日光之中添燃一灯。

白话译文

阳光照耀，偏还要点一盏灯。

《传习录》详解

去除恶念，就是善念，就是恢复了心的本体。

这就像太阳光被乌云遮蔽，乌云散去阳光自然普照。

如果恶念已经去除，非要再存放一个善念，就是阳光照耀，偏还要点一盏灯。这就是画蛇添足了。

感悟

生活处处充满阳光，我们需要做的就是去发现。

心里有阳光，何须再点灯。

日课原典

初下手用功，如何腔子里便得光明？

白话译文

刚开始用功，心里怎能马上光明？

《传习录》详解

刚开始用功，心里怎能马上光明？

这就像流在小溪里的浊水，刚倒进水缸里，就是稳定下来，也还是浑浊的。必须等停留的时间长了，渣滓自然沉淀，才能变得清澈。

你只要在良知上下功夫。

良知存得时间长了，懵懵懂懂中自然能看到光明。

现在想马上求得成效，却是拔苗助长，不是下功夫的做法。

感悟

致良知不能急，万事也是如此。

时间是最好的药。

日课原典

日长进一日,愈久愈觉精明。

白话译文

一天比一天长进,时间越长越觉明白。

《传习录》详解

我教人致良知在"格物"上下功夫,是个有根有本的学问。

一天比一天长进,时间越长越觉明白。

后世儒生们教人们在事事物物上去寻找,却是无根无本的学问。当他们年盛力壮的时候,虽然暂时能够从外面掩饰,看不出过错,一旦老了以后精力衰退迟缓,终究要倒下。

这就像无根的树,移栽在水边,虽然暂时枝叶鲜嫩,迟早要枯萎。

感悟

没有根的人和事,繁华热闹都是短暂的,枯萎只是时间问题。

做人做事要从根本上做起。

日课原典

却如无状小子。

白话译文

就像冒失的年轻人。

《传习录》详解

像造房屋一样,"志道"是心心念念选择地基和收集材料,"据德"是完成经营筹划,"依仁"是常住在房子里,"游艺"是房屋的软装饰,美化住宅的。

如果不明白道就去游艺,就像冒冒失失的年轻人,不先去置办建造房屋,只是要去买画来挂,装点门面,不知道那画要挂在什么地方?

感悟

盖房子需要打地基,做事情需要有基础。

空口说志,终究是空。

> **日课原典**
>
> 只要良知真切，虽做举业，不为心累。

白话译文

只要良知真切，虽然参加科举，也不会成为心里的拖累。

《传习录》详解

只要良知真切，虽然参加科举，也不会成为心里的拖累。
就是感到有点累，也容易觉察克制。
就像读书时——
良知明白强制记忆的心是不对的，就去除它；明白求速的心是不对的，就去除它；明白夸耀篇幅比斗辞藻是不对的，就去除它。
这样一来，只是整天跟圣贤印证，就是一个纯乎天理的心。
那个读书，也只是调养这心，怎会有拖累呢？

感悟

读书不是看字，是调养自己的心。
活着累，是因为心里稀里糊涂。

日课原典

人自累于得失耳！

白话译文

人是被自己心里的得失所累而已！

《传习录》详解

把科举的累归咎于亲人的事例太多了，其实是因为他们自己没有志向。

志向确定的时候，有良知在，千事万事都是一件事。

读书写文章，怎会累人？

人是被自己心里的得失所累而已！

良知之学不昌明，不知道这一点影响了多少英雄好汉！

感悟

读书累，怪父母？工作累，怪亲人？自己没有志向，怪别人是可笑的。

得失之心一重，人活得就累了。

诸君功夫，最不可『助长』。

日课原典

白话译文

大家下功夫，最不可拔苗助长。

《传习录》详解

大智的人极其少，为学的人没有一步登天直接进入圣人境界的道理。

不可以我前几天下了功夫，今天没起作用，还勉强做出一个没有破绽的样子。这就是助长，连前些日子下的功夫都破坏了。

这不是小错。

就如走路的人突然跌倒，起来就走，不要骗人装作不曾跌倒的样子出来。如果不用功，就会着魔，终究被累倒。

感悟

拔苗助长，自欺欺人，恐怕很少有人没干过。

摔倒不可怕，假装没摔倒才可怕。

日课原典

舜能化得象的傲,其机括只是不见象的不是。

白话译文

舜能够感化象的自大,诀窍在不去看象的错。

《传习录》详解

为学一定要懂得设身处地,为他人着想。

如果只是责备别人,就只看得见别人的错,而看不到自己的错。

如果能够反过来省察自己,才可以看得出自己有许多做得不完备的地方,哪有空闲责怪别人?

舜能够感化象的自大,诀窍在于不去看象的错。

如果舜只是要纠正象的奸恶,就只能看到象的错。象是傲慢自大的人,必然不肯服从舜,怎么可能感化他呢?

感悟

眼里都是他人的是非,就看不到自己的不足。

与他人真心相交,要多看他人的优点。

日课原典

凡朋友问难,都是病发。

白话译文

凡是朋友之间责难,都是生病了。

《传习录》详解

凡是朋友之间责难,有的浅薄不精,有的显摆才情自我炫耀,都是毛病。

应当按照朋友的毛病对症下药,不可因此怀有鄙视轻蔑的心,这不是君子"与人为善"的心。

要把责怪他人看作一个大毛病,坚决去除掉。

感悟

每个人都有毛病,要善待朋友的毛病。

与人为善,贵在对症下药。

日课原典

卜筮者,不过求决狐疑,神明吾心而已。

白话译文

卜筮,不过是寻求解决心中犹疑不定的事情,神化本心而已。

《传习录》详解

卜筮是理,理也是卜筮。天下的理,有比卜筮更大的吗?

后世把卜筮专门用于占卦,以为卜筮是雕虫小技。

他们不明白,现在的师生朋友之间的问答,博学、审问、慎思、明辨、笃行,等等,都是卜筮。

卜筮,不过是寻求解决心中犹疑不定的事情,神化本心而已。

人有了疑惑,自信不够,因此靠《易经》问天。

感悟

卜筮不是迷信,是大道。

卜筮是对本心的一种磨炼,是一种自信的提升。

日课原典

且如受人馈赠。

白话译文

就像接受别人的礼物。

《传习录》详解

做事要符合义。义就是良知,明白了良知是主导,才不会执着。

就像接受别人的礼物,有当天可以接受,但换一天就不可以接受的。也有当天不可以接受,但换一天就可以接受的。

你如果拘泥于当天可以接受的,就哪天都可以接受;或者拘泥于今天不可以接受的,就哪天都不接受。这就是有了厚薄亲疏,就不是良知的本体,就无法称作义。

感悟

凡事把握一个度,这个度是变化的。

以不变应万变,不是拘泥不变,是便宜行事,不是投机取巧。

日课原典

六经只此一言,便可该贯。

白话译文

六经只要这一句话,就可以贯通。

《传习录》详解

六经概括起来就一句:"思无邪。"这句话甚至可以概括穷尽古往今来天下圣贤的话。

此外还有什么可说的呢?

这是一了百当、彻彻底底的功夫。

感悟

大道至简。

书要越读越薄,道理越辩越简单。

日课原典

"道心"本是无声无臭，故曰"微"。

白话译文

"道心"本是无声无味的，所以是"微"。

《传习录》详解

"率性之为道"，就是"道心"。

但是增添了人的一些意思在其中，就是"人心"。

"道心"本是无声无味的，所以说是"微"。

依照"人心"做事，就有许多不安定的地方，所以说"惟危"。

感悟

人心日减，就可无限接近道心。

做人做事，要时时刻刻警惕自己。

日课原典

施教不可躐等。

白话译文

进行教育要有针对性。

《传习录》详解

不是圣人总不愿意教,圣人的心恨不得让人人都成为圣人。

只是人的资质不一样,进行教育要有针对性,中等以下的人,跟他说性、说命,他也理解不了,须得慢慢地反复磨炼他。

感悟

树有大小,人的资质有不同。

圣人明白人的资质不同,所以因材施教。

日课原典

若徒要晓得，便明不得自家的心体。

白话译文

如果只是要知道，便无法使自己的本心光明。

《传习录》详解

有人担心读书总是记不住。

只需要知道就好，为何非要背过？

要"晓得"（知道）已经是落到第二个层次了，根本是要光明自己的本心。

如果只是要背过，就无法知道；

如果只是要知道，便无法使自己的本心光明。

感悟

读书的目的不是记住书里的内容。

学习的目的是光明自己的本心。

日课原典

方才活泼泼的,方才与川水一般。

白话译文

(心性)才能生动活泼,才能像那流水一般。

《传习录》详解

须要时时刻刻用致良知的功夫,心性才能生动活泼,才能跟那流水一般。

如果有片刻的间断,就跟天地不相符了。

这是学问最高境界,圣人也只能这样。

感悟

天地之道,活泼如流水,只是活泼。

做事下功夫不可有间断,哪怕只是片刻的间断也不行。

日课原典

偷生在世上百千年,也不过做了千年的禽兽。

白话译文

偷生在世上成百上千年,也不过是做了千百年的禽兽。

《传习录》详解

只因为世人都把肉身性命看得太重,不管是否应当去死,一定要委曲求全。为此,把天理扔在一边,昧着良心伤害天理,还有什么做不出来?

如果违反了天理,就跟禽兽没什么两样,就是偷生在世上成百上千年,也不过是做了千百年的禽兽。

学习的人要在这些地方看得明白:比干、龙逢,只因为也看得明白,所以能够成就他们自己的仁。

感悟

有的人活着,只不过是个禽兽。

社会上禽兽很多,我们是不是其中一个?

日课原典

人只贵于自修。

白话译文

人只是贵在自我修养。

《传习录》详解

诋毁诽谤是外来的,即便是圣人又怎么能躲避掉?

人只是贵在自我修养。

如果一个人实实在在的就是一个圣贤,即使人们都毁谤他,也不会对他有影响;就像浮云遮挡太阳,怎么能够影响太阳的光辉呢?

如果一个人是一个外表恭敬面色严肃、不坚定没骨气的人,即使没有一个人议论他,他的恶性终究有一天会暴露。

诋毁和赞誉都是外来的,怎能躲避得掉,只要自己修养就够了。

感悟

圣人都无法躲避诋毁,何况普通人。

人若自我修养,自己就是太阳。

> **日课原典**
>
> 只如狂者便从狂处成就他，狷者便从狷处成就他。

白话译文

遇到进取的人就从进取处点化帮助他，
遇到洁身自好的人就从洁身自好处点化帮助他。

《传习录》详解

圣人的气象无比宽容，可以说是包容万象。

圣人教育人，不拘泥于一个模式教化，遇到进取的人就从进取处点化教育他，遇到洁身自好的人就从洁身自好处点化教育他，人的才气怎么可能完全相同。

感悟

圣人眼里没有坏学生。

每个人的特点就是他的痛点，要在特点上点化他。

日课原典

> 圣人教人,只怕人不简易。

白话译文

圣人教育人,只担心人不能简易。

《传习录》详解

圣人教育人,只担心人不能简易,他说的都是简单容易的准则,拿现在人贪多的心来看,好像是圣人教错了。

感悟

拿庞然大物唬人的,一定不是好老师。

贪多嚼不烂,老师嚼不烂,学生更嚼不烂。

日课原典

孔子无不知而作。

白话译文

孔子从来没有不明白还乱写的。

《传习录》详解

孔子从来没有不明白还乱写的；颜回对自己不对的地方，没有不知道的。

这是圣学的真正血脉。

感悟

不明白的不要乱写，也不要乱说。

不对的地方自己要知道，写下来贴在墙上，并且改正。

日课原典

汝辈学问不得长进,只是未立志。

白话译文

你们学问没有长进,只是因为没有立志。

《传习录》详解

王阳明对弟子们说:"你们学问没有长进,只是因为没有立志。"
真立志,得"必为圣人之志"。
你真正有了圣人的志向,良知上就没有不透彻的。
良知上稍微留存一点私心杂念,就不是"必为圣人之志"。

感悟

人生不如意,只是因为没有立志。
立志有真假,真的立志是"必为圣人之志"。

日课原典

良知是造化的精灵。

白话译文

良知是大自然的精华灵气。

《传习录》详解

良知是大自然的精华灵气。

这些精华灵气,孕育了天和地,成就了鬼与神,都是从这里出来的,真正是没有任何外物可以相比。

人如果完完全全还原良知,一点欠缺都没有,不自觉地就会手舞足蹈,不知道天地之间还有什么快乐可以替代。

感悟

良知孕育天地万物。

致良知是天地间最大的快乐。

日课原典

只是「致良知」三字无病。

白话译文

只是这"致良知"三个字没毛病。

《传习录》详解

良知清醒明白的话,随便你去静处体悟也好,还是去事上磨炼也好,良知的本体是无所谓动或者静的。

这就是学问的根本。

我说的这些话,反复比较过几次,只是这"致良知"三个字没毛病。

医生要亲自经历过骨折,才能了解骨折的病理。

感悟

人生最重要的是自己去经历。

实践出真知,自己的良知还需要自己去寻找。

日课原典

我这里功夫不由人急心。

白话译文

我这个功夫不能急于求成。

《传习录》详解

良知没有认清楚的时候，就有内外的界限。

我这个功夫不能急于求成，认清楚良知这个关键了，再去实实在在下功夫，自然会明白透彻。

到这时候就会忘了内外，怎会有心和事不统一呢？

感悟

急于求成，是人生的一大毛病。

认清良知，是知行合一的关键。

日课原典

> 须胸中渣滓浑化,不使有毫发沾滞始得。

白话译文

必须把胸中的杂质全部融化,不可有一丝一毫留下才行。

《传习录》详解

下功夫,不悟透这个良知,又怎么能够充实并光明本心?
如果能悟透的时候,可不是靠你的聪明去掌握许多知识就可获得。
必须把胸中的杂质全部融化,不可以一丝一毫留下才行。

感悟

知识不是接近良知的方法,反而是障碍。
心里的杂质,是良知的真正障碍。

日课原典

是非只依着他,更无有不是处。

白话译文

对错都依着良知,更没有什么不对的地方

《传习录》详解

道就是良知。

良知本来就很纯粹,对的就还原他的对,错的就还原他的错,对错都依着良知,更没有什么不对的地方,这良知还是你的明师。

感悟

人有良知本来就是自带明师。

良知,是人值得信赖的唯一准则。

日课原典

今人不会宴息。

白话译文

现在的人不会休息。

《传习录》详解

夜晚天地一片朦胧,万物安息,七窍都休息了,这是良知收敛凝聚的时候。现在的人不会休息,到了晚上不是入睡,是胡思乱想做噩梦。

白天的良知是顺应通畅的,黑夜的良知是收敛凝聚的,做梦就是先兆。良知在夜里发出来的才是本体。

人要在遇到事物的时候,做到像夜里一样,这就是"通乎昼夜之道而知"。

感悟

会休息才会工作,才会生活。

半夜想起朝南睡,那不是在黑夜用功,而是妄想做噩梦。

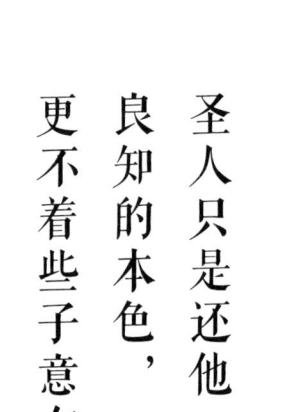

> 日课原典
>
> 圣人只是还他良知的本色,更不着些子意在。

白话译文

圣人只是还原良知的本来面目,而且不增添一点自己的意思。

《传习录》详解

良知的虚,就是自然的本来气息。

良知的无,就是自然气息没有形迹。

日、月、风、雷、山、川、民、物,凡是有外貌形迹的,都在自然无形中发生运行,没有成为天的障碍。

圣人只是顺应其良知的发生运行,天地万物都在自我良知的发生运行中,可曾有一个外物超出良知之外而成为障碍?

感悟

虚、无就是自然,不是人添加出来的烦恼。

天地万物,自然运行,良知也是自然运行。

> 日课原典
>
> 吾儒养心,未尝离却事物。

白话译文

儒家存养心性,不曾逃避人间事物。

《传习录》详解

儒家存养心性,不曾逃避人间事。

只是顺应天理自然,就是功夫。

佛教却要全部隔绝人间事物,把心看作虚幻的东西,慢慢地就走进虚空寂静去了,跟人世间没有一点牵涉,所以不可以用于治理天下。

感悟

人是世间的人,心是世间的心。

顺应自然,直面人生,就是功夫。

日课原典

与愚夫、愚妇同的,是谓同德。

白话译文

与愚夫、愚妇目标相同的,就是所说的同德。

《传习录》详解

与愚夫、愚妇目标相同的,就是所说的同德。
与愚夫、愚妇目标不同的,就是所说的异端。

感悟

愚夫、愚妇,才是人间本相。
所谓同心同德,就是和愚夫、愚妇目标相同。

日课原典

五谷、禽兽之类皆可以养人。

白话译文

五谷、禽兽之类的都能养活人。

《传习录》详解

人的良知,就是草木、瓦块、石头的良知。如果草木瓦石没有人的良知,就不可以算作草木瓦石了。

天地没有人的良知,也不可以成为天地。

天地间最精妙开窍的地方,是人心的一点灵明。

天地万物跟人原本是一体的,因此五谷禽兽之类的都可以养活人,药石之类的都可以给人治病;只因为气息相同,因此才能相通。

感悟

有良知,天地万物与人相通而成为一体。

中医药的原理,原来在这里。

日课原典

你未看此花时,此花与汝心同归于寂;你来看此花时,则此花颜色一时明白起来。

白话译文

你没看这花的时候,这花与你一同安安静静;
你来看这花的时候,这花的颜色一下子就显出来了。

《传习录》详解

你没看这花的时候,这花与你一同安安静静;
你来看这花的时候,这花的颜色一下子就显出来了。
这样你就知道,这花不在你心的外面了。

感悟

花的颜色,取决于你心中的颜色。
万事万物像花一样,你看则有,不看则无。

日课原典

目无体,以万物之色为体。

白话译文

眼睛没有本体,万物的颜色就是其本体。

《传习录》详解

眼睛没有本体,万物的颜色就是眼睛的本体。
耳朵没有本体,万物的声音就是耳朵的本体。
鼻子没有本体,万物的气息就是鼻子的本体。
嘴巴没有本体,万物的味道就是嘴巴的本体。
心也没有本体,天地万物感应到的是非就是心的本体。

感悟

心存万物,万物就是本心。
本体只是一个本体,可随万物变化而保持自己不变。

日课原典

人于生死念头，本从生身命根上来，故不易去。

白话译文

人的生死念头，本来是从生命根源上带来的，所以不容易去除。

《传习录》详解

做学问的功夫到了，在一切声色、利益、嗜好方面，都能摆脱干净。只要有一丝生死念头牵挂，在本体上就不能融汇开释。

人的生死念头，本来是从生命根源上带来的，所以不容易去除。

如果能够在这一处看破、想透，本心的全部才会运行通畅，才是透彻本性超越生死的学问。

感悟

生死，是最难看破的地方。

不看破生死，就无法超越万物。

日课原典

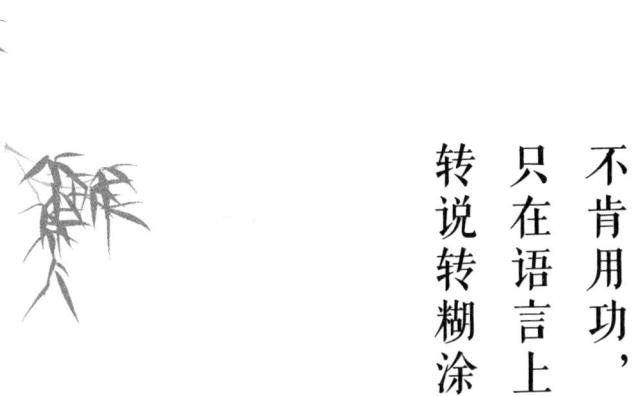

不肯用功,只在语言上转说转糊涂。

白话译文

不肯用功,只在话语文字上打转转,越转越糊涂。

《传习录》详解

致良知本来就是明明白白,切实下功夫就可以。

不肯用功,只在话语文字上打转转,越转越糊涂。

感悟

嘴上下功夫,不如心上下功夫。

纸上下功夫,不如行动上下功夫。

日课原典

我麈尾安在？

白话译文

我的拂尘在哪里？

《传习录》详解

从前有一个禅师，人家找他问佛法，他只是把拂尘提起一下。
有一天，他的徒弟把拂尘藏起来，想看他如何做法。
禅师找不到拂尘，只是再次把空手提起。
我这个良知就是设法的拂尘，没了这个良知，又拿什么提得？
故事刚说完，又有一个人问功夫。
王阳明左右看了看，说："我的麈尾在哪儿？"

感悟

眼里有佛，随处是佛。
心中有良知，时刻是功夫。

日课原典

圣人不贵前知。

白话译文

圣人不注重预知未来。

《传习录》详解

圣人不注重预知未来。
福祸的发生,即使是圣人也无法避免。
圣人只是明白事理,遇到变化也可以随机应变。
良知没有先后,只知道当下的事理,就是一通百通。
如果有个预知的心,就是私心,就有了趋利避害的私欲。

感悟

未来,还没来,不必多想。
未来,真来到,能够轻松处理应对,才是重点。

日课原典

无照无不照,原是日的本体。

白话译文

无所谓照不照,照耀就是太阳的本体。

《传习录》详解

无所谓知不知,本体本来就是知。
这就像太阳不曾有照耀万物的心,而是本来就可普照万物。
无所谓照不照,照耀就是太阳的本体。
良知本来无所谓"知",现在却想要他有个"知";本来无所不知,现在却怀疑有所不知。这只是还不真信良知罢了。

感悟

良知就像太阳,照耀是一种天生自带的功能。
良知就像镜子,照就是镜子的天然功能。

日课原典

耳原是聪,目原是明,心思原是睿知。

白话译文

耳朵本就能听,眼睛本就能看,心思本就睿智。

《传习录》详解

"惟天下之圣,为能聪明睿知",从前看这句话觉得真是太玄妙了,现在看来,原本是人人自己都有的。

耳朵本就能听,眼睛本就能看,心思本就睿智,圣人只是有一个能做到,能做到的关键就是良知。

众人不能做到,只是因为不致良知。

这个道理多么简单明白!

感悟

骑驴找驴——自己的能力不利用,却到外面寻找。

多少人身边的朋友不好好交往,却整体忙着去认识陌生人。

日课原典

> 远虑不是茫茫荡荡去思虑，只是要存这天理。

白话译文

远虑不是不着边际地去思索考虑，只是要存养这个天理。

《传习录》详解

天理就是良知，千思万虑，只是要致良知。

如果只是专门在一件事上不着边际地去思考，把这叫作远虑，就不免有毁誉、得失、人欲掺杂进里边，就是迎合。

周公整夜思考，只是保持警惕，唯恐会有闪失，明白了这一点，他的气象就会与迎合自然区别开了。

感悟

人无远虑必有近忧，"远虑"不是空空荡荡地去思考，而是存养天理。

没有天理，所谓远虑，不过是迎合自己的私欲罢了。

日课原典

圣贤只是为己之学，重功夫不重效验。

白话译文

圣贤只是做自己的学问，重视功夫而不重视效果验证。

《传习录》详解

圣贤只是做自己的学问，重视功夫而不重视效果验证。

仁者认为万物是一体。不能一体，只是没有忘记自己的私欲。

全体成仁，则天下都归于仁，就是"八荒都在我家楼上"的意思。

天下都是仁，我的仁也在其中了。"在邦无怨，在家无怨"，无论在哪里做事都没有怨气，也只是自己不怨，就像"不怨天、不尤人"。

无论在哪里做事都没有怨气，我自然也在其中，但重点不是这个。

感悟

为学，到底是为了谁？为己，才是正道。

效果是瞬间的表象，功夫才是人的根本。

日课原典

良知只是个是非之心。

白话译文

良知只是明辨是非的心。

《传习录》详解

良知只是明辨是非的心。

是非只是一个好恶,只凭好恶就可以完全明白是非,只凭是非就完全明白万事万物的变化。

是非两个字是个大规矩,奥妙的地方因人而异。

感悟

是非之心,万物之变。

是非标准不同,人因此而大不同。

日课原典

圣人之知，如青天之日。

白话译文

圣人的良知就像晴朗天空中的太阳。

《传习录》详解

圣人的良知就像晴朗天空中的太阳，贤人的良知就像有浮云的天空中的太阳，愚人的良知就像有阴雨的天空中的太阳。

太阳的明暗虽然不同，能分辨黑白是一样的，即使是昏黑的夜里，也影影绰绰看得清黑白，这就是太阳的余光没有消失殆尽的地方。

困境中为学的功夫，就是要从这点明亮的地方精细省察去。

感悟

心光就像太阳光。

困境总是有可能遇到，每个困境里都有生机，关键是要学会找到那个生机。

日课原典

一隙通明,皆是日光所在。

白话译文

只要有一个缝隙明亮,都是太阳光所照耀的地方。

《传习录》详解

七情六欲都是人本身就有的,只是必须用良知才可明白。
太阳光,不可能指定范围照耀。
只要有一个缝隙通透明亮,都是太阳光所照耀的地方。
不要因为浮云可以遮蔽太阳,就让天空不要产生浮云。
七情加上附着,就是私欲,都变成良知的遮蔽。
然而,刚有点执着时,良知会自动觉察到。觉察到就去除掉,复原其本体。

感悟

太阳普照,有一丝缝隙,即可照耀进去。
心光何尝不是如此呢?

日课原典

知行二字，即是功夫，但有浅深难易之殊耳。

白话译文

知行两个字就是功夫，但是有深浅难易的差别。

《传习录》详解

良知本来是非常精明的。

如要孝顺双亲——

生知安行的，只是依照良知落到实处尽孝；学知利行的，只是时时刻刻反省察觉，务必可以按照良知去尽孝；到那困知勉行的，虽然想要按照良知去尽孝，因为被私欲阻碍，所以不能做到，必须百倍、千倍地下功夫，才能够按照良知去尽孝。

感悟

知行就是功夫。

下功夫，每个人是有难易差别的。

日课原典

困知勉行的却要思量做生知安行的,怎生成得?

白话译文

困知勉行的人却要寻思着做生知安行的事,怎么可以成功呢?

《传习录》详解

圣人虽然是生知安行,但是他的心不敢自以为是,愿意下困知勉行的功夫。

困知勉行的人却要寻思着做生知安行的事,怎么可以成功呢?

感悟

聪明人愿意下笨功夫,人就越聪明。

普通人想着投机取巧,结果往往是弄巧成拙。

日课原典

须是大哭一番了方乐,不哭便不乐矣。

白话译文

必须是大哭一场才能乐,没有哭就没有乐。

《传习录》详解

乐是心的本体,必须是大哭一场才能乐,没有哭就没有乐。
即使哭了,心因此安定就是乐。
本体不曾被改变。

感悟

凡夫俗子不明白,我心本乐。
不要怕哭,哭过就是乐。

日课原典

且如一园竹,只要同此枝节,便是大同。

白话译文

就像一园竹子,只要枝节相同,就是大同。

《传习录》详解

圣人怎能拘泥于死板的条文?就像一园竹子,只要枝节相同,就是大同。

如果死抠枝枝节节,必须要一样高低一样大小,那就不是自然造化的神奇手法了。

你们只需要去培养良知,良知相同,就不担心有不一样的地方。

你们如果不肯用功,连竹笋都没有生长出来,又哪里谈得到枝节?

感悟

良知只是大同,不是一模一样,天下没有一模一样的事物。

王阳明年轻时候"格竹",无所得而生了一场病;龙场悟道之后,这竹子,究竟还是"格"出来了。

日课原典

舜自以为大不孝,所以能孝。

白话译文

舜认为自己是大不孝,所以能够孝顺。

《传习录》详解

瞽瞍总认为自己是大慈大爱,所以不能真慈爱。

他不知道自己的心已经被后妻改变了,还自称慈爱,其实就越发不能慈爱。

舜只是反思父亲现在不慈爱是因为自己不够孝顺,整天思索自己到底哪里不能尽孝,所以越发能孝顺。

等到瞽瞍终于开心的时候,不过是复原他内心原本慈爱的本体。

感悟

自以为是,真的很可怕。

发现自己不对了,才会往对的方向走。

日课原典

鄙夫自知的是非,便是他本来天则。

白话译文

一个人自知的是非,是他生来就带着的本体。

《传习录》详解

有人找孔子问道,孔子只是用他自己的是非准则帮别人剖析,那人的心就全部明白。

聪明如圣人,也不能帮别人增减得一丝一毫。

别人只是不自信。

孔子帮他剖析清楚了,他的心就透彻了。

如果孔子跟这个人讲的时候,给别人灌输留存一些知识,就不能尽显他们的良知,道和体就分为两个了。

感悟

圣人的是非,是圣人自己的。

你的是非,是你自己的。

> 日课原典
>
> 若要指摘他是非,反去激他恶性。

白话译文

如果要指责他人是非,反而激起他人恶性。

《传习录》详解

舜被尧征召后,象仍然整天想着杀舜,这是何等大奸大恶的事!

舜只是自己在治理上进取,以安定众人,不去纠正象的奸恶。

舜当初逼得象要杀他,只是希望象向善的心太急迫了,这就是舜的不对之处。

经历过了以后,才知道功夫只是在自己身上,不再去责怪他人。

感悟

好意不一定是好心。

能够发现别人的好的心,才可称为好心。

日课原典

古人具中和之体以作乐。

白话译文

古人具备中和的心体之后才作乐。

《传习录》详解

圣人一生做的很多实事，都传播在乐舞里，所以有德行的人听了，就知道他尽善尽美和尽美没尽善的地方。

古人治理天下，首先把人培育得心平气和，而后才作乐。比如在这里吟诗，你的心气平和，听的人自然愉悦满意，这就是元声的起源。

我的中和原本是跟天地的气相应的，作乐，不过是来验证我的气是否中正平和。

感悟

没有善的内容的流行歌曲，是世风日下的原因之一。

善的音乐，根本是心体。

日课原典

学问也要点化,但不如自家解化者,自一了百当。

白话译文

学问也需要别人的点化,不如自己体悟明白,自然一通百通。

《传习录》详解

学问也需要别人的点化,但总是不如自己体悟明白,自然一通百通。否则,想靠更多点化是不行的。

感悟

俗话说,求人不如求己。很多事情,还得自己去实际经历。不自己经历,别人点化再多也无法到位。

日课原典

汲汲然去学那气魄，却倒做了。

白话译文

急切慌忙地想学那气魄，却是做反了。

《传习录》详解

孔子的气魄很大，凡是帝王的事业，无不一一领会，也只是从那个心上来。

这就像大树有许多枝叶，也只是从树根的基础上下的培育功夫，因此自然能长成这样，不是从树叶上下的功夫。

学者们学习孔子，不在心上用功，急切慌忙地想学那气魄，却是做反了。

感悟

学人家的外表样子，容易走形。

羡人家年少有才，慕人家貌美金多，自己要在心上用功。

日课原典

人有过,多于过上用功。

白话译文

人们有过错,多是因为在过错上多下了功夫。

《传习录》详解

人们有过错,多是因为在过错上多下了功夫。
这就像补破了的瓦罐,这病属于文过饰非的病。

感悟

南辕北辙,走错了不如不走。
做事情也一样,在过错上下功夫,做得越多错得越远。

> **日课原典**
>
> 今人于吃饭时,虽然无一事在前,其心常役役不宁。

白话译文

现在的人吃饭的时候,虽然没有一点事情在眼前,他的心却总是不得安宁。

《传习录》详解

现在的人吃饭的时候,虽然没有一点事情在眼前,他的心却总是动来动去不安宁,只因为这个心忙碌成习惯了,所以不能收敛保养自己的心。

感悟

你是不是吃饭的时候还在看手机?

别惭愧,看来明朝的人也这样,找到病根改正才是关键。

日课原典

琴瑟简编,学者不可无。

白话译文

琴瑟和书籍,学习的人不可以没有。

《传习录》详解

琴瑟和书籍,学习的人不可以没有。
因为有了事情做,心就不会放纵了。

感悟

无事生非。
弹琴或读书、跑步等,都是给自己的心找个事,是存养心的一种方法。

日课原典

知得过、不及处,就是中和。

白话译文

清楚了过和不及,就是中和。

《传习录》详解

有学生问良知本来就是中和,为什么还会有过和不及。
王阳明回答——
清楚了过和不及,就是中和。

感悟

知道开车闯红灯会扣分,司机就不闯红灯了。
人会犯错,是因为不知道错。

日课原典

「所恶于上」是良知,「毋以使下」即是致知。

白话译文

厌恶上司对你的某种行为,是良知;
不要用这种行为去对待你的下属,就是致良知。

《传习录》详解

厌恶上司对你的某种行为,是良知;
不要用这种行为去对待你的下属,就是致良知。

感悟

"己所不欲"是良知,"勿施于人"是致良知。

上下级关系,以最常见的社交关系中解释良知和致知,实在是妙极、妙极。

日课原典

仪、秦亦是窥见得良知妙用处,但用之于不善尔。

白话译文

张仪、苏秦已经窥到了良知的妙用处,只是没有用在善的地方。

《传习录》详解

张仪、苏秦的智慧,也是圣人的资质。

后代的许多事业文章、许多豪杰名家,只是学到了张仪、苏秦使用过的方法。张仪、苏秦的学说善于揣摩人情,没有哪一点不是切中要害的,因此他们的学说不能穷尽。

张仪、苏秦已经窥到了良知的妙用处,只是没有用在善的地方。

感悟

张仪、苏秦的霸道和真正的王道只有一步之遥。

良知的窍门,本无善恶,用在善的地方就是善,用在恶的地方就是恶。

日课原典

未扣时原是惊天动地,既扣时也只是寂天寞地。

白话译文

没敲的钟本来就是惊天动地的,敲响时反而天地一片寂静。

《传习录》详解

未发和已发的概念是为了说明问题,不是真有一个未发和已发。

未发并非不和。

已发并非不中。

拿钟声来说,没敲的钟本来就是惊天动地的,敲响时的钟,反而天地一片寂静。

感悟

敲或不敲,钟都是一个钟。

不怒而威,不敲而响,收敛的时候力量最强大。

日课原典

譬如眼,有喜时的眼,有怒时的眼。

白话译文

就如眼睛,有开心时的眼睛,有生气时的眼睛。

《传习录》详解

性的本体,原是没有善恶的,他的发动应用上也原本是可以为善、可以为不善的,他的弊病上也是有善、有恶的。

就如眼睛,有开心时的眼睛,有生气时的眼睛,直视就是看的眼睛,微视就是(偷偷地)瞧的眼睛。总而言之,还是这一双眼睛。

如果见过生气时的眼睛,就说从未有开心时的眼睛,见过"看"的眼睛,就说从未有"瞧"的眼睛,这都是执着,就良知来说就是错。

感悟

同样是一个东西,有不同的多种表现形式。

眼见为实,眼没见到的也是实,要尊重客观事实。

日课原典

人一日间,古今世界都经过一番,只是人不见耳。

白话译文

人在一天之中,就把古今世界都经历了一遍,只是自己没看到而已。

《传习录》详解

人在一天之中,就把古今世界都经历了一遍,只是自己没看到而已。

夜气清明的时候,不看不听,不思考不行动,心怀淡定平静,就是羲皇世界;太阳升起的时候,神清气朗,从容端庄,就是尧舜的世界;中午以前,礼仪威严交际往来,气象有序,就是三代的世界;中午以后,神气渐渐不清,往来杂乱纷扰,就是春秋、战国的世界;等到黑夜,万物就寝安息,景象寂静空旷,就是人销声、物匿迹的世界。

学者信得过良知时,不被外气所乱,就常常能做个羲皇时代的人。

感悟

一天之间,一夜之间,一件事,往往蕴含了一个古今世界。

你的世界的样子,取决于你内心的状态。

日课原典

使天下之人都说我行不掩言也罢。

白话译文

让天下人都说我言行不一吧,无所谓了。

《传习录》详解

我在来南京以前,尚且有些做老好人的想法。

我现在确信了这良知的真是真非,随手行动,再没有一些隐藏。

我这才有了狂者率性而为的胸襟,让天下人都说我言行不一吧,无所谓了。

感悟

率性而为不是为了率性,而是性到了必须率的时候。

真正的狂者,是内有良知外偶尔显狂,否则,就是病了。

> 日课原典
>
> 你看满街人是圣人,满街人倒看你是圣人在。

白话译文

你看到满街上的人都是圣人,满街上的人反过来看你也是圣人。

《传习录》详解

学生出门回来,王阳明问看到了什么?

学生说:"我看见满大街都是圣人。"

王阳明说:"你看到满街上的人都是圣人,满街上的人反过来看你也是圣人。"

感悟

心里看到什么,世界就是什么。

你的世界有爱,世界反过来爱你。

日课原典

须做得个愚夫、愚妇,方可与人讲学。

白话译文

必须先做得个愚夫、愚妇,才可以给别人讲学。

《传习录》详解

王阳明的学生参加会试回家的路上,到处讲学,有的信有的不信,学生们就不明白。

王阳明说——

你们整天扛着一个圣人去给别人讲学,别人看到圣人来了,都吓走了,怎么讲得下去!必须先做得个愚夫、愚妇,才可以给别人讲学。

感悟

放下,才可以站起。

高高在上,往往是因为自己底虚。

> 日课原典
>
> 泰山不如平地大,平地有何可见?

白话译文

泰山不如平地大,在平地上仰望泰山,又能看见什么?

《传习录》详解

有学生说一个人的人品最容易看出来。

王阳明问:"怎么讲?"

学生说:"先生您就像泰山在前,不知道景仰您的人,就是有眼无珠的人。"

王阳明说:"泰山不如平地大,在平地上仰望泰山,又能看见什么?"

感悟

站得高,可以望得远,但是,站得不一定踏实。

很多时候,脚踏实地比好高骛远更重要。

> 日课原典
>
> 无善无恶是心之体,
> 有善有恶是意之动。
> 知善知恶是良知,
> 为善去恶是格物。

白话译文

无善无恶是心的本体,有善有恶是意的行动。
明辨善恶是良知,尽善除恶是格物。

《传习录》详解

世界上只有两种人,一种是心底纯净的人,一种是心受到污染的人。

第一种人,很少见,这种人自己立即可悟,就不说了。

第二种人,如果不教他在良知基础上实际应用尽善除恶的功夫,只是去悬空想一个什么本体,所有的事情都不落实到实际应用上,终究变得只能空谈。这个毛病不是小事,不能不尽早点破。

感悟

良知学问,重在实用,王阳明在这里郑重地点破了这个话题。
空谈背后是人的惰性,惰性的根本原因还是自私。

日课原典

思与学作两事做，故有「罔」与「殆」之病。

白话译文

思和学当作两回事，因此有"罔"和"殆"的病。

《传习录》详解

学而不思则罔，思而不学则殆。

思就是学。学有所疑，就须思考。

"思而不学"的人，是有一种人，只是悬空去想，要想出一个道理，却不在身心上实际应用，以学习存养这个天理。

思和学当作两回事，因此有"罔"（蒙蔽）和"殆"（危）的病。

其实思只是思考所学的东西，本来就不是两回事。

感悟

把思与学当作两回事，就跟把知与行当作两回事是一个道理。

空想无益，实干才是出路。

日课原典

"格"作"正"字义,"物"作"事"字义。

白话译文

"格"就是"正"的意思,"物"就是"事"的意思。

《传习录》详解

心,是身的主管,眼睛虽然能看,但让眼睛看的是心;耳朵虽然能听,但让耳朵听的是心;嘴巴说、四肢动,都是靠的心。

要"修身"在于体会自家的心体,总是让心胸空旷无私,没有一点不正的地方。主管一旦正了,眼睛不会乱看;耳朵不会乱听;口和四肢不会乱说话和行动。

"修身"在于正其心。

感悟

格物,就是正其事,修正所遇到的事。
修身,就是修正一个人的心。

日课原典

如今要正心,本体上何处用得功?

白话译文

现在要正心,怎么能够在本体上用功呢?

《传习录》详解

至善是心的本体,心的本体怎么会有不善?一定要在心发动的地方下力气。如果一念发在好善上,就实实在在地去好善;如果一念发在讨厌恶上,就实实在在去讨厌恶。

意念的发动,如果没有不诚的,那么他的本体怎么会有不正的?

所以,要正其心关键在诚意。

感悟

到底在哪里下功夫?不是在心上,而是在心发动的地方。

就如走路要走对路,不是在腿上下功夫,而是在迈开腿的方向上下功夫。

> 日课原典
>
> 这个良知遮蔽了,是不能致知也。

白话译文

良知被遮蔽了,这就是不能致知。

《传习录》详解

诚意的根本,在致知。

"人虽不知而己所独知",说的就是我心的良知所在。

但是知道善,却不听良知去做,知道不善,却不听良知不去做,那么,这个良知被遮蔽了,这就是不能致知。

我心的良知既不能扩充到底,那么善虽然知道喜欢,也不能真正去喜欢;恶虽然知道讨厌,也不能真讨厌。这怎么可以做到意的诚呢?

所以说,致知是诚意的根本。

感悟

良心都有,也都明白,难的是做人做事如何遵循良心。

把良心落实到行动上,这才是心学的难点。

日课原典

致知在实事上格,不是悬空的致知。

白话译文

不是凭空去致知,"致知"是在实事上探求。

《传习录》详解

如果目的是尽善,就在这件事上去做;目的在于除恶,就不去做这件事。

除恶,是摈弃不正以归于正;尽善,是使不善的得以纠正,也是摈弃不正以归于正。

如此,我的良知就没有私欲遮蔽了,可以达到极限;而意的产生,好善除恶,没有不真诚的。诚意功夫务实下手的地方就是格物。

感悟

致知的地方在格物,在具体事情上下手。

人人都可以成为尧、舜,关键是要正心、诚意、实干。

日课原典

天下之物本无可格者,其格物之功,只在身心上做。

白话译文

天下的事物,本来就没有可格的。格物的功夫,只能在自己的身心上做。

《传习录》详解

从前跟朋友"格竹",结果物没"格"出来,倒是把朋友和自己都"格"出病来,当时感慨圣贤是做不成了。

后来在贵州龙场住了三年,感觉悟到了一些意思,才知道天下事物本来就没有可"格"的。格物的功夫,只能在自己的身心上做。

由此我觉得圣人是人人可以达到的,自然就有了一些责任感。

这个道理,应该说出来让大家明白。

感悟

到外物上去探求,结果是自己得病。

在自己身心上探求,才可以明白,圣人是人人可以做到的。

日课原典

童子自有童子的格物致知。

白话译文

儿童自然有儿童的格物致知。

《传习录》详解

洒扫应对，就是一件物。儿童的良知只到这个地步。

教他去洒扫应对，就是致他的这一点良知了。

又如儿童知道敬畏先生长辈，这也是他的良知。所以在嬉戏玩耍中看到了先生长辈，就去作揖表示恭敬，是他能格物以便致敬师长这个良知了。这样的格物，从儿童到圣人、卖柴的人，从公卿大夫一直到天子，都是这个功夫。

感悟

儿童有儿童的格物致知，这样的格物，卖柴的人也能做到。

人不分三六九等，所有人的格物，都是一个功夫：从良知出发。

人却说他做得当理，只心有未纯。

白话译文

人们说他们做得合乎天理，只是世人的心不明。

《传习录》详解

如五霸攻打夷狄、尊崇周王室，都是一种私心，就不合乎理。世人却说他们做得合理，只是心里不纯净；往往羡慕他们的所作所为，要外表做得好看，却与心全部相干。

心在事父上就是孝，在事君上就是忠。

我说心就是理，要使人们知道心和理是一个，要在心上做功夫，不要去外面求取义，这就是王道的真谛。

感悟

分得越清楚，头绪越多，有时候反而是把事情搞得更乱。

把本心擦亮了，心有明镜，万事万物自然就显现在心的明镜里。

日课原典

心不是一块血肉,凡知觉处就是心。

白话译文

心不是指那一块血肉,凡是有知觉的地方就是心。

《传习录》详解

心不是指那一块血肉,凡是有知觉的地方就是心。
比如耳目知道视听,手足知道痛痒。
这个知觉就是心。

感悟

生理科学的心,是那一块血肉。
社会科学的心,是有知觉的地方。

日课原典

良知只在声、色、货、利上用功。

白话译文

良知就是在声、色、货、利上下功夫。

《传习录》详解

刚开始学习用功的时候，必须扫除荡涤干净，不能让他们停留积累，这样偶然遇到（声、色、货、利），就不会被他们牵累，自然顺势而应对。

良知就是在声、色、货、利上下功夫。

能精准彻底地致良知，一丝一毫没有遮蔽，那么，遇到声、色、货、利，也不过是天道的自然运行，可坦然面对。

感悟

良知就是心底无私天地宽。

良知就是直面人生，在声、色、货、利上用功。

日课原典

日日是此,讲一二十年俱是如此。

白话译文

天天就是这些内容,讲个十年二十年也还是这些内容。

《传习录》详解

我给大家讲解"格物""致知",天天就是这些内容,讲个十年二十年也还是这些内容。

各位听我的话,扎扎实实去用功,每听我讲一些,自然会感觉长进一些。

否则,只当作一场空谈,就是听了,又有什么用呢?

感悟

老师讲的都一样,学生学的却不一样。为什么呢?

光听不练是假把式,行动是最好的老师。

日课原典

人之本体常常是寂然不动的,常常是感而遂通的。

白话译文

人的本体是寂静无声的,有感必应,一应即通。

《传习录》详解

人的本体是寂静无声的,有感必应,一应即通。没有感应的不一定是先,有感应的不一定是后。

感悟

心体安定,以不变应万变。
心体感应,万变不离其宗。

日课原典

人之心神只在有睹有闻上驰骋。

白话译文

人的心神只在看到、听到的事物上游走。

《传习录》详解

人的心神不在看不见、听不到的地方扎实用功。

其实,看不见、听不到的才是良知的本体,看不到的地方要常警惕谨慎,听不到的地方常常唯恐有失,这就是致良知的功夫。

学习的人要时时刻刻学会看到自己看不到的,听到自己听不到的,功夫才能够有个真实落地的地方。

这样,怎么可能被外在的所见所闻牵累呢?

感悟

人总是容易被所见所闻所诱惑,因所见所闻而迷失。

倾听内心的声音,那里才是真相所在的地方。

日课原典

"致良知"便是"必有事"的功夫。

白话译文

"致良知"就是"一定有事"的功夫。

《传习录》详解

先儒说"鸢飞鱼跃"和"必有事焉"都是活泼泼的。
天地间充满生机的,都是一个道理,都是良知的流行不止。
"致良知"就是"一定有事"的功夫。
这个理不仅仅不可分离,事实上也无法分离。
没有不是道的,没有不是功夫的。

感悟

致良知就是要在具体事情上体现的一种功夫。
人生都是一件又一件需要面对的事,每一件都需要功夫。

> **日课原典**
>
> 时时刻刻须是一棒一条痕,一掴一掌血。

白话译文

时刻保持"一棒下去就是一道痕,一掴下去就是一手血"的扎实状态。

《传习录》详解

生而为人,每个人务必要立下一个"一定要做圣人"的志向。

时时刻刻必须是"一棒一条痕,一掴一拳血"的扎实状态,这样才能在听我讲学的时候,听得句句铿锵有力。

如果只是空空荡荡地过日子,像一块死肉,打也感觉不到痛痒,恐怕最终不管用。

回到家里还是以往的那点本事。岂不是让人可惜?

感悟

做人做事,要做到位,就像打铁一样,得烧红了铁,再用力去打。

左耳朵进右耳朵出,听不进别人的话,就是行尸走肉。

日课原典

当下即去消磨，便是立命功夫。

白话译文

当时马上去消灭掉，就是安身立命的功夫。

《传习录》详解

私欲萌发的时候，你能感觉到，这就是你的良知命根。
当时马上去消灭掉，这就是安身立命的功夫。

感悟

身体有病要马上就治，不能拖，心病同理。
小病拖一拖，拖的时间一长，就可能变成大病。

日课原典

眼中放些金玉屑,眼亦开不得了。

白话译文

眼里放些金玉的碎末,眼睛也睁不开了。

《传习录》详解

心体上不能有一点念头滞留,就如同眼里糅不得一丁点儿沙子。一丁点儿能有多少?这就能使人满眼都是昏天黑地了。

这一个念头不光指私心杂念,就是好的念头也留不得一丁点儿。就像眼里放些金玉的碎末,眼睛也睁不开了。

感悟

眼里糅不得沙子,眼里也糅不得金银美玉。

心体,要像眼睛一样,必须纯净纯净再纯净。

日课原典

天没有我的灵明,谁去仰他高?

白话译文

天没有我的灵明,谁去景仰他的高?

《传习录》详解

充塞天地之间的,只有一个灵明。大多数人只是被身体隔离迷惑,因此找不到自己的灵明。我的灵明,就是天地鬼神的灵明。

天没有我的灵明,谁去景仰他的高?地没有我的灵明,谁去俯视他的深?鬼神没有我的灵明,谁去分辨他的吉祥凶灾?

天地鬼神万物,我的灵明,不能分开。

感悟

天地之间,惟心独明,这是何等的光明!

明白了自己,才可理解天地万物。

日课原典

人生大病，只是一"傲"字。

白话译文

人生最大的毛病，就是一个"傲"字。

《传习录》详解

人生最大的毛病，就是一个"傲"字。

做子女的傲了，就一定不孝；做臣子的傲了，就一定不忠；做父亲的傲了，就一定不慈；做朋友的傲了，就一定无信。

因此，象和丹朱都品行不好、没出息，也只是因为一个"傲"字，就完结了其一生。

大家要常常体察这一点。

感悟

一傲，毁一生。

仔细体会自己说话做事是否有"傲"，是最好的自助。

日课原典

古先圣人许多好处，也只是『无我』而已

白话译文

古代圣贤的优点再多，也只是一个"无我"。

《传习录》详解

人心原本是天然的理，精明纯洁，没有一点沾染，只是一个"无我"而已。

胸中切切不可以有"有"，"有"就是傲。

古代圣人的许多优点，也只是"无我"而已。

"无我"自然能够谦逊。

谦是众善的基础，傲是众恶的头领。

感悟

有天理可以走遍天下，"无我"也可走遍天下。

百善谦为先，众恶傲为首。

日课原典

人于掌何日不见?

白话译文

自己的手掌,哪一天会不看呢?

《传习录》详解

自己的手掌,哪一天会不看呢?等你问他手掌上有多少条纹理,他就不知道了。

这就像我的"良知"两个字,一讲就明白,谁不知道啊?但要想真正明白良知,谁又能明白呢?良知像《易经》一样,怎么能够捉摸得到?

把良知悟透了,也就成为圣人了。

感悟

越熟悉的,其实越陌生,是假熟悉真陌生。

水过地皮不湿,好多人和事,你不是没有见到过,而是见到了却跟没见到一样。

日课原典

问难的人胸中窒碍。

白话译文

提问请教的人胸中滞胀不通。

《传习录》详解

道本来没有穷尽，问得越多，道的精妙处就越发显现。

圣人的话本来就很周全，但是有那提问请教的人胸中滞胀不通，圣人被他一问，发挥得更加畅快神妙。

像颜回那样见一知十、胸中明白的人，哪里需要提问？

所以，圣人面对颜回，不过是寂静无声，不做任何发挥。

感悟

圣人如神医，看的病人越多，道（医术）越高明。

人有病，一定要去看医生，要去致良知。

日课原典

还须诵此以求警。

白话译文

还必须每天吟诵来警示自己。

《传习录》详解

舒国裳请老师王阳明给他书写《孟子》"拱把之桐梓"一章。

王阳明提笔就写，写到"至于身，而不知所以养之者"一句，四周看了一下，笑着说："国裳读书，是中过状元的呢！他难道真的不知道应该修身吗？但他还是必须每天吟诵来警示自己。"

一时间，当时在座的朋友们，在警醒之余，顿悟。

感悟

存养身心，状元郎尚且需要挂在墙上天天吟诵提醒自己，何况普通人呢。

我写这个日课，本来是为自己受益，后来希望更多人可以受益，编撰这本书。用"还须诵此以求警"这个故事作为《传习录》的结尾，作为本书的结尾，实在是"妙哉！大哉！"

附录一

嘉靖六年(1527年),王阳明奉命率军队前往广西以平思田之乱,途中路过常山。在常山逗留时作《长生》诗。

长生

长生徒有慕,苦乏大药资。
名山遍探历,悠悠鬓生丝。
微躯一系念,去道日远而。
中岁忽有觉,九还乃在兹。
非炉亦非鼎,何坎复何离。
本无终始究,宁有死生期?
彼哉游方士,诡辞反增疑。
纷然诸老翁,自传困多歧。
乾坤由我在,安用他求为?
千圣皆过影,良知乃吾师。

附录二

拔本塞源论

夫拔本塞源之论不明于天下，则天下之学圣人者，将日繁日难，斯人沦于禽兽夷狄，而犹自以为圣人之学。吾之说虽或暂明于一时，终将冻解于西而冰坚于东，雾释于前而云滃于后，呶呶焉危困以死，而卒无救于天下之分毫也已。

夫圣人之心，以天地万物为一体，其视天下之人，无外内远近。凡有血气，皆其昆弟赤子之亲，莫不欲安全而教养之，以遂其万物一体之念。天下之人心，其始亦非有异于圣人也，特其间于有我之私，隔于物欲之蔽，大者以小，通者以塞。人各有心，至有亲视其父子兄弟如仇雠者。圣人有忧之，是以推其天地万物一体之仁以教天下，使之皆有以克其私，去其蔽，以复其心体之同然。其教之大端，则尧、舜、禹之相授受，所谓"道心惟微，惟精惟一，允执厥中"。而其节目，则舜之命契，所谓"父子有亲，君臣有义，夫妇有别，长幼有序，朋友有信"五者而已。唐、虞、三代之世，教者惟以此为教，而学者惟以此为学。当是之时，人无异见，家无异习，安此者谓之圣，勉此者谓之贤，而背此者，虽其启明如朱，亦谓之不肖。下至闾井田野，农工商贾之贱，莫不皆有是学，而惟以成其德行为务。何者？无有闻见之杂，记诵之烦，辞章之靡滥，功利之驰逐，而但使孝其亲，弟其长，信其朋友，以复其心体之同然。是盖性分之所固有，而非有假于外者，则人亦孰不能之乎？

学校之中，惟以成德为事。而才能之异，或有长于礼乐，长于政教，长于水土播植者，则就其成德，而因使益精其能于学校之中。迨夫举德而任，则使之终身居其职而不易。用之者惟知同心一德，以共安天下之民，视才之称否，而不以崇卑为轻重，劳逸为美恶。效用者亦惟知同心一德，以共安天下之民，苟当其能，则终身处于烦剧而不以为劳，安于卑琐而不以为贱。当是之时，天下之人熙熙皞皞，皆相视如一家之亲。其才质之下者，则安其农工商贾之分，各勤其业以相生相养，而无有乎希高慕外之心。其才能之异，若皋、夔、稷、契者，则出而各效其能。若一家之务，或营其衣食，或通其有无，或备其器用，集谋并力，以求遂其仰事俯育之愿，惟恐当其事者之或怠而重己之累也。

故稷勤其稼，而不耻其不知教，视契之善教，即己之善教也；夔司其乐，而不耻于不明礼，视夷之通礼，即己之通礼也。盖其心学纯明，而有以全其万物一体之仁。故其精神流贯，志气通达，而无有乎人己之分，物我之间。譬之一人之身，目视、耳听、手持、足行，以济一身之用。目不耻其无聪，而耳之所涉，目必营焉。足不耻其无执，而手之所探，足必前焉。盖其元气充周，血脉条畅，是以痒疴呼吸，感触神应，有不言而喻之妙。此圣人之学所以至易至简，易知易从，学易能而才易成者，正以大端惟在复心体之同然，而知识技能非所与论也。

三代之衰，王道熄而霸术昌。孔孟既没，圣学晦而邪说横，教者不复以此为教，而学者不复以此为学。霸者之徒，窃取先王之近似者，假之于外，以内济其私己之欲，天下靡然而宗之，圣人之道遂以芜塞。相仿相效，日求所以富强之说，倾诈之谋，攻伐之计。一切欺天罔人，苟一时之得，以猎取声利之术，若管、商、苏、张之属者，至不可名数。既其久也，斗争劫夺，不胜其祸，斯人沦于禽兽夷狄，而霸术亦有所不能行矣。世之儒者慨然悲伤，蒐猎先圣王之典章法制，而掇拾修补于煨烬之余，盖其为心，良亦欲以挽回先王之道。圣学既远，霸术之传，积渍已深，虽在贤知，皆不免于习染，其所以讲明修饰，以求宣畅光复于世者，仅足以增霸者之藩篱，而圣学之门墙，遂不复可睹。于是乎有训诂之学，而传之以为名；有记诵之学，而言之以为博；有词章之学，而侈之以为丽。若是者，纷纷籍籍，群起角立于天下，又不知其几家。万径千蹊，莫知所适。世之学者如入百戏之场，欢谑跳踉，骋奇斗巧，献笑争妍者，四面而竞出，前瞻后盼，应接不遑；而耳目眩瞀，精神恍惑，日夜遨游淹息其间，如病狂丧心之人，莫自知其家业之所归。时君世主亦皆昏迷颠倒于其说，而终身从事于无用之虚文，莫自知其所谓。间有觉其空疏谬妄，支离牵滞，而卓然自奋，欲以见诸行事之实者，极其所抵，亦不过为富强功利，五霸之事业而止。圣人之学日远日晦，而功利之习愈趋愈下。其间虽尝瞽惑于佛、老，而佛、老之说卒亦未能有以胜其功利之心。虽又尝折衷于群儒，而群儒之论终亦未能有以破其功利之见。盖至于今，功利之毒沦浃于人之心髓，而习以成性也，几千年矣。相矜以知，相轧以势，相争以利，相高以技能，相取以声誉。其出而仕也，理钱谷者则欲兼夫兵刑，典礼乐者又欲与于铨轴；处郡县则思藩臬之高，居台谏则望宰执之要。故不能其事，则不得以兼其官，不通其说，则不可以要其誉。记诵之广，适以长其敖也；知识之多，适以行其恶也；闻见之博，适以肆其辨也；辞章之富，适以饰其伪也。是以皋、夔、稷、契所不能兼之事，而今之初学小生皆欲通其说，究其术。其称名僭号，未尝不曰吾欲以共成天下之务；而其诚心实意之所在，以为不如是则无以济其私而满其欲也。呜呼，以若是之积染，以若是之心志，而又讲之以若是之学术，宜其闻吾圣人之教，而视之以为赘疣枘凿；则其以良知为未足，而谓圣人之学为无所用，亦其势有所必至矣！呜呼！士生斯世，而尚何以求圣人之学乎？尚何以论圣人之学乎？士生斯世，而欲以为学者，不亦劳苦而繁难乎？不亦拘滞而险艰乎？呜呼，可悲也已！所幸天理之在人心，终有所不可泯，而良知之明，万古一日，则其闻吾"拔本塞源"之论，必有恻然而悲，戚然而痛，愤然而起，沛然若决江河，而有所不可御者矣！非夫豪杰之士，无所待而兴起者，吾谁与望乎？

附录三

《示宪儿》三字诗,收录在《王阳明全集·外集二·赣州诗》中。所谓"赣州诗",是正德十一年(1516年)九月王阳明升都察院左佥都御史巡抚南赣后,至正德十三年(1518年)十二月期间所作的诗。

示宪儿

幼儿曹,听教诲:
勤读书,要孝悌;
学谦恭,循礼仪;
节饮食,戒游戏;
毋说谎,毋贪利;
毋任情,毋斗气;
毋责人,但自治。
能下人,是有志;
能容人,是大器。
凡做人,在心地;
心地好,是良士;
心地恶,是凶类。
譬树果,心是蒂;
蒂若坏,果必坠。
吾教汝,全在是。
汝谛听,勿轻弃。

附录四

训蒙大意示教读刘伯颂等

古之教者,教以人伦。后世记诵词章之习起,而先王之教亡。今教童子,惟当以孝、弟、忠、信、礼、义、廉、耻为专务。其栽培涵养之方,则宜诱之歌诗以发其志意,导之习礼以肃其威仪,讽之读书以开其知觉。今人往往以歌诗习礼为不切时务,此皆末俗庸鄙之见,乌足以知古人立教之意哉!

大抵童子之情,乐嬉游而惮拘检,如草木之始萌芽,舒畅之则条达,摧挠之则衰痿。今教童子,必使其趋向鼓舞,中心喜悦,则其进自不能已。譬之时雨春风,霑被卉木,莫不萌动发越,自然日长月化;若冰霜剥落,则生意萧索,日就枯槁矣。故凡诱之歌诗者,非但发其志意而已,亦以泄其跳号呼啸于咏歌,宣其幽抑结滞于音节也;导之习礼者,非但肃其威仪而已,亦所以周旋揖让而动荡其血脉,拜起屈伸而固束其筋骸也;讽之读书者,非但开其知觉而已,亦所以沉潜反复而存其心,抑扬讽诵以宣其志也。凡此皆所以顺导其志意,调理其性情,潜消其鄙吝,默化其粗顽,日使之渐于礼义而不苦其难,入于中和而不知其故。是盖先王立教之微意也。

若近世之训蒙稚者,日惟督以句读课仿,责其检束,而不知导之以礼，求其聪明，而不知养之以善；鞭挞绳缚，若待拘囚。彼视学舍如囹狱而不肯入，视师长如寇仇而不欲见，窥避掩覆以遂其嬉游，设诈饰诡以肆其顽鄙，偷薄庸劣，日趋下流。是盖驱之于恶而求其为善也，何可得乎？

凡吾所以教，其意实在于此。恐时俗不察，视以为迂，且吾亦将去，故特叮咛以告。尔诸教读，其务体吾意，永以为训；毋辄因时俗之言，改废其绳墨，庶成"蒙以养正"之功矣。念之念之！

附录五

教约

每日清晨,诸生参揖毕,教读以次。遍询诸生:在家所以爱亲敬长之心,得无懈忽,未能真切否?温凊定省之仪,得无亏缺,未能实践否?往来街衢,步趋礼节,得无放荡,未能谨饰否?一应言行心术,得无欺妄非僻,未能忠信笃敬否?诸童子务要名以实封,有则改之,无则加勉。教读复随时就事,曲加诲谕开发。然后各退就席肄业。

凡歌诗,须要整容定气,清朗其声音,均审其节调;毋躁而急,毋荡而嚣,毋馁而慑。久则精神宣畅,心气和平矣。每学量童生多寡,分为四班,每日轮一班歌诗;其余皆就席,敛容肃听。每五日则总四班递歌于本学。每朔望,集各学会歌于书院。

凡习礼,须要澄心肃虑,审其仪节,度其容止;毋忽而惰,毋沮而怍,毋径而野;从容而不失之迂缓,修谨不失之拘局。久则体貌习熟,德性坚定矣。童生班次,皆如歌诗。每间一日,则轮一班习礼。其余皆就席,敛容肃观。习礼之日,免其课仿。每十日则总四班递习于本学。每朔望,则集各学会习于书院。

凡授书不在徒多,但贵精熟。量其资禀,能二百字者,止可授以一百字。常使精神力量有余,则无厌苦之患,而有自得之美。讽诵之际,务令专心一志,口诵心惟,字字句句紬绎反覆,抑扬其音节,宽虚其心意。久则义礼浃洽,聪明日开矣。

每日工夫，先考德，次背书诵书，次习礼；或作课仿，次复诵书讲书，次歌诗。凡习礼歌诗之数，皆所以常存童子之心，使其乐习不倦，而无暇及于邪僻。教者知此，则知所施矣。虽然，此其大略也；神而明之，则存乎其人。

后记一

写在前面的后记

2018年9月15日,早晨起来,女儿坐在沙发上看书,我坐在儿子玩耍的地垫上看书。

突然,女儿抬头问了一句:"爸爸你在看什么书啊?"

我举起手中的书,女儿笑了,她说:"爸爸,我看着就像《传习录》。这本书你一年前就在看吧。"

"呵呵,是啊,看了有一年了。"

女儿的问题对我来说真是说者无意听者有心,这本《传习录》,我真的看了有一年了。不过,只有这一次,才真正看得下去。

就在几天前,我去澳大利亚出差,临出门前,我把这本《传习录》放进背包,想着国际航线那么漫长,路上正好可以静心看王阳明。

昨天晚上,也就是9月17日晚上,我终于把《传习录》真正看了一遍。

准确地说,2017年第一次买到这本书的时候,《传习录》的内容我看了很少一部分就看不下去了,因为对古文的理解有限,抑或因为对儒学的了解有限,还是其他的原因,总之看不下去。

后来,我看了朋友许华伟寄给我的河南美术出版社出版的《知行合一:王阳明咏良知手迹》,看了朋友推荐的冈田武彦写的《王阳明大传》,看了朋友唐文立的新作《一心平天下:王阳明传》;两个月前,我从朝阳图书馆借了一本《王阳明传》,内容是梁启超等人写的王阳明传记。

也就是说,这一年来,其实我一直在看王阳明的心学。
为什么一直看?
因为一直没看明白。

去年刚开始读的时候,我写过几篇名为"王阳明心学日课"的文章,写文章其实是为了让自己可以更深入地理解读的内容,因为理解有限,所以文章没有坚持写下去。

前一段时间,我突然想读《传习录》,于是有了这一次的系统阅读。

去年开始读即为了写文章这个目的,希望可以通过分享阅读让更多人受益于王阳明的心学。

这一次,我决定做一件事情,从《传习录》中选取100句话,作为我自己"致良知"的一个努力。同时,我也希望可以把这些分享给更多的读者——尤其是那些对王阳明心学基本不太了解的读者。

2018年9月17日 上午9:27 搁笔于北京三里屯

后记二

以心为鉴，可以鉴声色
以心为鉴，可以鉴快乐

写了一个多月，中间偶有停顿，但基本上是坚持每天写一些。

从来没有这样的体验，在写的过程中会笑、会乐——不由自主的笑、发自内心的乐。

阳明心学是乐学。

人活着要快乐，但是，到底如何快乐？其实大多数人并不知道。

我们往往把自己的快乐，建立在饮食、汽车、房子、两性等上面，仔细看来，这些外在的乐都是虚幻的。当美食消失的时候，你不快乐了；当房子消失的时候，你不快乐了。

真正的快乐，是来自良知本体的快乐。

这是我从阅读《传习录》中获得的感悟。

阳明心学是实学。

人活着要面对声色货利，没有声色货利，社会不在，人也就不在了。

但是如何面对声色货利，其实大多数人都是一种迷失的状态：没有人教过，也没有人能够教明白。

良知只在声色货利上用功。从前读书多了，看到一些传统道德告诉我们的，是远离声色货利；但是，当我们被投入芸芸众生的社会之中，突然发现，声色货利是无法远离的，甚至是必须置身其中的，但是，我们却不知道如何面对声色货利。

《传习录》告诉我们，在声色货利上下功夫就是良知。

阳明心学是一面镜子。

天地鬼神万物与我为一体。我的灵明让我与天地鬼神万物一体。

太阳当空普照，天下万物都沐浴在阳光之中。

夜晚也会降临，不是太阳没有继续普照，而是夜幕降临的时候，你不再看到阳光而已。

王阳明先生说，心就是一面镜子，心光就像太阳的光芒。

世俗的我们，在被投入社会的时候，自己的心"镜"被私欲逐渐沾染了尘埃，有的人沾染得厚一些，有的人沾染得薄一些，但都被沾染了。

我们的痛苦和忧愁，往往来自于自己心的镜子上的尘埃。

王阳明先生说，每个人的心的镜面都得由自己擦拭，任何其他人都无法替代你。

擦拭自己的心镜，并不是一件容易的事情，尤其是自己擦拭。

作为古语的《传习录》其实很难懂，起码作为愚夫的我觉得很艰难，我花了一年多的时间，似乎找到了一点点感觉。

作为愚夫的我精选了一些句子，作为自己擦拭自己心镜的方式。

我希望，我可以用这本书作为一个"心镜"，可以让我的心"自然地致良知"。

心"镜"，自然"良"。

2018年10月25日

后记三

秦始皇焚书坑儒2231年后

秦始皇三十四年（公元前213年），博士齐人淳于越反对当时实行的"郡县制"，要求根据古制，分封子弟。丞相李斯加以驳斥，并主张禁止百姓以古非今，以私学诽谤朝政。秦始皇采纳李斯的建议，下令焚烧《秦记》以外的列国史记，对不属于博士馆的私藏《诗》《书》等也限期交出烧毁；有敢谈论《诗》《书》的处死，以古非今的灭族；禁止私学，想学法令的人要以官吏为师。此即为"焚书"。

今天还是公元2018年12月18日，算起来，从那个时候开始，到今年有2231年了。等这本书出版的时候，应该就是2232年后了。

我想我是幸运的，感谢家人、感谢朋友，让我有机会在2017年有机会走进王阳明的心学世界。在阅读了一年半以后，又用三个月的时间编写了这本书。

这本书，首先是写给我自己的。在阅读王阳明的过程中，我一遍又一遍地体会到心学对我个人成长的帮助。在编写这个书稿的过程中，每一次改稿我几乎都是笑着完成的，这在我的写作过程中是从来没有过的事情。高中的时候因为喜欢写诗歌而选择了文科，但是自己从来没有选择写作作为个人的职业。虽然，媒体工作主要是以写作为主，但那毕竟是实用性写作，不是文人意义上的创作。写过那么多稿子，也曾出过一本关于晋商的书，但是，只有这一次，每一次修改，内心充满快乐——真的快乐。我真诚地希望，可以把这种快乐分享给更多的人，这就是写作的初衷。

在写作过程中，好多朋友问我说为什么写这本书？我说，首先是因为我自己得到了快乐，内心得以成长；然后就会分享一些本书中的"金句"给他们，每次我都说，现场这么说的效果还是不一定好，等书出来，送给您，那时候一定会带给您价值。

太多太多的感受，此刻，我只想用《传习录》里的一段话来说明——

孔子述"六经"，惧繁文之乱天下，惟简之而不得，使天下务去其文以求其实，非以文教之也。《春秋》以后，繁文益盛，天下益乱。始皇焚书得罪，是出于私意，又不合焚"六经"。若当时志在明道，其诸反经叛理之说悉取而焚之，亦正暗合删述之意。

这一段话有前后文，有心的朋友可以去检索前后文，去体会。

我从这一段话里看出来的，是王阳明的一些宗旨。

如今，科技日益发达，普通人每天接触的信息量，应该已经远远超过了过去一个专业文字工作者接触的信息量。信息量大了，但是普通人并没有成长，不但没有更快乐，甚至还更痛苦。

我想，王阳明用这一段话想表达的，就是"明道"并不需要太多的经书，不但是不需要太多，甚至是只需要一句话即可。

说到这里，就有必要提一段公案——

王阳明因弹劾大宦官刘瑾，遭贬官至贵州龙场（今属贵阳）驿站担任驿丞。王阳明著《五经臆说》，时年37岁，是其第一部哲学专著。王阳明认为，对"五经"原旨的解读，不必拘泥于古人。他默记下"五经"的内容，并结合自己的领会，给"五经"写下注解，集成著作《五经臆说》，这部专著并未传世，其弟子钱德洪多次想见此书都被王阳明婉拒，直到王阳明死后才从废稿中发现了13条注解。

从孔子删述"六经"到秦始皇"焚书坑儒",再到王阳明婉拒《五经臆说》传世,本质上传递的是一个观点:"知行合一"(多行),"致良知"(必有事)。

本书正是循着这条线索,从《传习录》中摘出了253句话,摘这些话的目的,是让每一个人都有可能因为一句话而走进心学,从而有机会"知行合一""致良知"。

《传习录》里有这样一段对话——

问:"'思无邪'一言,如何便盖得三百篇之义?"
先生曰:"岂特三百篇?'六经'只此一言便可该贯。以至穷古今天下圣贤的话,'思无邪'一言也可该贯。此外更有何说?此是一了百当的功夫。"

王阳明说,儿童也有儿童的格物致知。
其实,每一个人都有每一个的格物致知。

因此,我希望每一句话可能给至少一个人带来启示。

《一心平天下:王阳明传》的作者、作家唐文立先生建议我可以多写一点感悟。我说,一个是我的功夫眼下还写不了那么多,另外一个,就是因为我希望可以传递孔夫子"删述六经"的本意。

我还在继续学习中。
眼下,我刚刚找到一点愚夫的感觉,还在继续努力。
本书有不足和错误之处,还请您及时批评指正,非常感谢。

本书于我,是作为心学经书送的。

我将在出版后随手赠送给每一位相遇的有缘人。
期待与您相见！

本书得以出版要感谢很多朋友，感谢一位最早联系我的出版人，他在外地，只在微信上互动过，他提醒我加上感悟的部分；感谢我的老朋友中图总公司的雷建华女士，她对我的书稿给予了肯定；感谢胡俊生先生，为本书得以顺利出版给予的支持和帮助，感谢我的朋友高珊珊女士，在本书的设计上给予了建议。

2018年12月28日上午10:11 搁笔于金台路

王阳明简略年谱

（编译自钱德洪编《王阳明年谱》）

王守仁（1472年10月31日—1529年1月9日），汉族，幼名云，字伯安，别号阳明，浙江绍兴府余姚县（今属宁波）人。因为曾经在会稽山修了一个阳明洞，自号阳明子，学者称之为阳明先生，亦称王阳明。

时间：1472 年，出生。
地点：余姚城
明宪宗成化八年，农历九月三十日（公历10月31日），原浙江绍兴府余姚城内西北武胜门路的王姓人家的一个院落里，一个男婴降生在人间。

时间：1476年，4岁。一直没有开口说话。
地点：余姚城
这一年，男孩改名"王守仁"后，就会说话了。

时间：1481年，9岁。父亲举进士第一甲第一人，高中状元。
地点：绍兴府。

1482年，10岁。第一次进北京
地点：京师（今北京）

时间：1483年，11岁。"登第恐未为第一等事，或读书学圣贤耳。"
地点：京师（今北京）

时间：1484年，12岁。母亲郑氏去世，非常悲痛。
地点：京师（今北京）

时间：1486年，14岁。出游居庸三关：与游牧民族接触，初步历练。
地点：京师（今北京）

时间：1488年，16岁。新婚。练字："此心精明，字好亦在其中矣。"
地点：浙江余姚、江西洪都（今南昌）

时间：1489年，17岁。开始仰慕圣学。拜见大儒娄谅，得到指点："圣人必可学而至"。
地点：江西、广信、余姚

时间：1490年，18岁。读书已经不是为了科举。端坐，不乱说话。
地点：余姚

时间：1492年，20岁。格竹失败。第一次觉得做圣贤要有天分，就随大流开始玩修辞写文章。
地点：浙江

时间：1493年，21岁。第一次参加会试落榜。说："世以不得第为耻，吾以不得第动心为耻。"
地点：北京、余姚

时间：1497年，25岁。学兵法。

地点：北京

时间：1498年，26岁。第二次感悟做圣贤得有天分。谈养生，有避世想法。
地点：北京

时间：1499年，27岁。第三次参加会试，考中进士。任职工部。
地点：北京

时间：1500年，28岁。在刑部任职，担任云南清吏司主事。
地点：北京

时间：1501年，29岁。奉命审录江北囚狱。游九华山。
地点：北京

时间：1502年，30岁。开始觉悟到佛教、道教有不对的地方。
地点：北京、浙江

时间：1503年，31岁。到钱塘西湖养病，又想到入世。
地点：浙江钱塘西湖

时间：1504年，32岁。主考山东乡试。试卷都是先生出的。
地点：北京、山东

时间：1505年，33岁。首次倡导讲述，要人一定要先立一个做圣人的志向。开始招收弟子。
地点：北京

时间：1506年，34岁。上书谏刘瑾窃权，被贬为贵州龙场驿驿丞。

地点：北京

时间：1507年，35岁。当年讲授"以圣学为己任"，妹夫徐爱十分认同，要以此为学。
地点：北京、钱塘、武夷山

时间：1508年，36岁。开始大悟格物致知的道理。
地点：龙场

时间：1509年，37岁。首次提出"知行合一"的学说。
地点：贵阳

时间：1510年，38岁。跟弟子讲述让人顿悟的功夫。说"人惟患无志，不患无功"，论实践的功夫。
地点：吉安、京师

时间：1511年，39岁。为了陆象山的学说为世人所知，不怕被天下人讥笑。
地点：京师

时间：1512年，40岁。这一年弟子大增。
地点：京师

时间：1513年，41岁。在滁州，管马政，信众从此越来越多。
地点：越城

时间：1514年，42岁。同门相聚，日夜互相砥砺研习。悔错用功二十年。
地点：滁州

时间：1515年，43岁。立再从子正宪为后。时年八岁。
地点：京师

时间：1516年，44岁。升都察院左佥都御史，巡抚南、赣、汀、漳等处。王思舆说："吾触之不动矣。"
地点：南京

时间：1517年，45岁。只用三个月，漳南几十年通寇全部平叛。
地点：江西

1518年，46岁。尝寄书仕德云："破山中贼易，破心中贼难。"门人薛侃刻《传习录》。
地点：江西

时间：1519年，47岁。发兵讨伐朱宸濠，俘获朱宸濠。
地点：江西

时间：1520年，48岁。被诽谤有造反的心。曰："求真才者，譬之淘沙而得金，非不知沙之汰者十去八九，然未能舍沙以求金为也。"
地点：江西

时间：1521年，49岁。开始揭晓致良知的学说。"我此良知二字，实千古圣圣相传一点滴骨血也。"任用陆象山的子孙。封新建伯。

地点：江西

时间：1522年（嘉靖元年壬午），50岁。被弹劾。曰："无辩止谤，尝闻昔人之教矣。"

地点：浙江

时间：1523年，51岁。进士考试把心学作为考题。曰："圣人与天地民物同体，儒、佛、老、庄皆吾之用，是之谓大道。二氏自私其身，是之谓小道。"

地点：浙江

时间：1524年，52岁。弟子越来越多。曰："君子养心的学问就如良医治病，按照其虚实寒热而斟酌或补或泄，根本是在除病，开始没有一个固定的方子，一定要让每个人都服用。"十月，门人南大吉续刻《传习录》。

地点：浙江

时间：1525年，53岁。十月，立阳明书院于绍兴越城。

地点：浙江

时间：1526年，54岁。凡初及门者，必令引导，俟志定有入，方请见。每临坐，默对焚香，无语。儿子正亿生。"知惜阴者，则知致其良知矣。"

地点：浙江

时间：1527年，55岁。曰："二君以后与学者言，务要依我四句宗旨：无善无恶是心之体，有善有恶是意之动，知善知恶是良知，为善去恶是格物。以此自修，直跻圣位；以此接人，更无差失。"。

地点：浙江

时间：1528年，56岁。曰："盖用兵之法，伐谋为先；处夷之道，攻心为上。"思、田平定完成。袭八寨、断藤峡，成功。祭祀增城祖先庙。

地点：浙江、广西、广东。

十一月乙卯，先生卒于南安。

廿八日晚船停，问："现在哪里？"侍者答："青龙铺。"第二天，召积入。过了很久，睁开眼睛看了一下曰："我走了！"积哭了，问"您有什么遗言？"微微一笑曰："此心光明，亦复何言？"

很快，闭上眼睛去世，那是二十九日辰时也。

这一天，是公历1529年1月9日。

十二月三日，思聪与官属师生设祭入棺。

己丑年正月，丧发南昌。

二月庚午，丧至余姚。

十一日，葬于洪溪。

二月十一日发引，门人会葬者千余人，麻衣衰屦，扶柩而哭。四方来观者莫不交涕。